改訂
日本語論証文作成力を向上させるためのクリティカルシンキング

平柳　行雄　著

青山社

まえがき

　著者は英語の教員です。本務校でアカデミック・ライティングという英語のクラスを担当していたとき、論理性が欠けている英文を書く学生が何名もいることに気づきました。その授業では、英語の学びを通して、論理的に分析するスキルを向上させることを一つの 目標 と考えていたものの、 母語 である日本語で実施する方が、より効果的ではないかと考え、「クリティカルシンキング」という日本語論証力を向上させる授業を本務校で担当させてもらうことになりました。2009年度から本務校で7年、そのあと2016年度から非常勤講師として、ある大学の国際学部で3年間教えることができ（現在も教えています）、教えることを通して多くのことに「気づき」ました。

　クリティカルシンキングは、「気づき」の手助けをしてくれる「問い」の重要性も学びます。毎年3・4月になると、「〇大合格～名」という△△予備校のポスターが、駅構内に張り出されるようになります。また「難関大」合格者の氏名が、ある新聞や雑誌に掲載されます。受験生が予備校のデータや経験知に基づき、問題を解答するスキルを向上させ、「難関大」合格というゴールに達することができると考えるのも無理はありません。

　大学に合格するための受験勉強は、与えられた問題を、与えられた時間内にいかに要領よく解答するかが重要でしょう。受験生にとって重要なのは、自らの「問い」かけを発することではなく、他者からの「問い」にいかに効率よく答えられるかと考えられています。「問い」を発し、「気づき」を求めるスキルは、「難関大」に合格するスキルと本質的には違うようです。

　大学生は、受験勉強が終了した時点で、自分で問いかける学びが重要になることに気づかねばなりません。何かを学ぶ過程で、よく理解できないことを授業で教員にたずねるのは「質問」ですが、これまでに学習したこと・正しいと考えられていること（常識・経験則）に照らし合わせると筋が通らないと疑問を呈することは「問い」です。この文脈の「問い」の例として、「難関大」という言葉は、どういう基準でつくられ、またつくった 理由 は何なのか、があ

iii

げられます。この言葉が使われる背景は、日本では、○○学部で学んでいるかよりも、○○大学で学んでいるかが重要視されることがあげられるからではないでしょうか。このクリティカルシンキングでは、特に「問い」と「気づき」を重要視します。

　ここで、2つの「気づき」について説明させて下さい。まず、命題についての「気づき」です。例えば、「国際的には、右が左よりも上位・優位である」という命題です。命題という言葉は、本書で説明します。例外はあるにせよ、ご飯とみそ汁の配膳で代表されるように「日本は左上位」の国であり、「国際的には右上位」と言えます。例えば、2018年2月9日から2月25日まで、韓国のピョンチャンで開催されたオリンピック・パラリンピックの1～3位の表彰台の立ち位置は、「左」と「右」のどちらが上位かを示唆するよき例となっています。1位は真ん中、2位は当事者から見て右側、3位は当事者から見て左側が立ち位置でした。公式行事等で、天皇・皇后が並ばれるときは、国際的な基準に合わせて、当事者から見て右に天皇陛下、左に皇后陛下が並ばれています。また日本が国際基準にあわせている他の例として、右陪審と左陪審の着席位置があげられます。裁判所の審理では、3人の裁判官は、裁判長が真ん中、当事者から見て右に右陪席が、左に左陪席が着席し、前者が後者より上位とされています。

　次に、言葉に関する「気づき」を説明させてもらいます。この「まえがき」のなかでも、「目標」・「母語」・「理由」の言葉を使用しています（これらをボックスで囲んでおきました）。これらの言葉は「目的」・「母国語」・「原因」というそれぞれの言葉の意味および使い方が微妙に異なります。日本語は、生まれてこの方ずっと使っているので、その意味や使い方はよくわかっていると、皆さんは考えているかもしれません。しかし、実際に、これら3つの似かよっている言葉を、どの文脈で、どちらを使えばよいのかを指摘するのは意外にむずかしいものです。これらの違いは、あまり高等学校の授業で説明されてこなかったのではないでしょうか。これらの違いの理解は、「ルール」として教えられるよりも、いくつかの具体例から、自らが「問い」を発しながら「ルール」を見つけ、その「ルール」に基づいて予測し、その「ルール」の妥当性を

検証する作業を必要とします。「ルール」を見つけるのは帰納推論であり、その「ルール」から予測するのは演繹推論です。「クリティカルシンキング」では、この「ルール」は、仮説という言葉に置き換えます。なお、この帰納推論と演繹推論は、本書で説明します。

　日本語に限らず、英語を学ぶときも、文法としての「ルール」・仮説を当てはめるのは演繹推論であり、自らが「ルール」・仮説を見つけるのは帰納推論です。ですから、言葉の「気づき」も帰納推論に基づくと言えるでしょう。他にも、紛らわしい使い方をする似かよった日本語を列挙しておきます。

1. 「生徒」と「学生」
2. 「母語」と「母国語」
3. 「弁護士」と「弁護人」
4. 「被告」と「被告人」
5. 「無罪」と「無実」
6. 「告訴」と「起訴」と「控訴」
7. 「反論」と「異論」
8. 「癌」と「がん」
9. 「但し」と「しかし」
10. 「は」と「が」
11. 「賛成」と「容認」
12. 「御社」と「貴社」
13. 「習慣」と「慣習」
14. 「理由」と「原因」
15. 「目標」と「目的」
16. 「同意」と「合意」
17. 「過料」と「罰金」
18. 「誤り」と「間違い」
19. 「提言」と「提案」

　なお、本書は、「クリティカルシンキング」という授業に使用するテキストです。

目 次

まえがき iii

第1章 クリティカルシンキングとは 1
第1節 演 繹 1
1. 隠れた前提と「問い」.. 1
2. つなぎの言葉 7
3. 発話と推論 9
4. 三段論法 10
5. 演繹推論と帰納推論 14
6. 必要条件と十分条件 17
7. 逆・裏・対偶 20
8. 対偶と背理法 24
9. トゥールミン・モデル 26
10. 「議論」 31
11. 矛盾関係と反対関係 35
12. ド・モルガンの法則 39

第2節 論 証 44
1. アブダクション(仮説的推論) 44
2. 条件文の双条件解釈 45
3. 仮説演繹法 48

第2章 『12人の怒れる男』から学ぶ 51

第3章 日本語論証文を分析する 63
1. 日本語論証文作成に用いる立論と異論と反論 63
2. 日本語論証文作成に用いるパラグラフ概念 69
3. 日本語論証文の検証 70

あとがき 77
問題の解答 79

第1章
クリティカルシンキングとは

第1節 演繹

1. 隠れた前提と「問い」

　著者の研究室に1枚の写真があります。2人の娘が1匹ずつ犬を抱いている写真です。1匹はシェルティー、もう1匹はダックスです。著者の研究室に来訪する学生に、この写真を見せてから同じ質問をします。
　「我が家は何匹の犬を飼っていると思う」
　あっけにとられながらも、ある学生は2匹、ある学生は1匹、ある学生はわからないと言います。答えは、「1匹」です。家族と犬が写っている写真を見て、その犬の数だけ飼っていると考えるのが一般的です。しかしながら、これはそうではありません。この写真に写っているダックスは、知り合いの人からあずかっていただけなのです。何かについて、無意識に当然と思い込んでいることが実際にはそうでないことが、現実には起こっていることに気づいている

でしょうか。クリティカルシンキングは、そういう思い込みが何故起こるのか、その思い込みから「自由になる」にはどうすればよいかを学ぶための機会を提供します。

さて、皆さんは、「クリティカルシンキング」という言葉を聞いたことはあるでしょうか。この言葉を「クリティカル＝批判的な」と「シンキング＝思考」という2つの部分に分け、それを合成して、「クリティカルシンキング＝批判的思考」と訳すかもしれません。「批判的」という言葉には、「他人のあら捜しをする」というネガティブなニュアンスが含まれますが、クリティカルシンキングにはそれがありません。福澤氏は、『小学校での英語教育は必要か』の中で、「クリティカルシンキング」を、「思考の論理的表現」と説明しています。この説明は、クリティカルシンキングが、何故私たちに必要かを示唆しています。論理性・客観性を養うための表現と考えられます。

著者は、2009年度前期に新しく開講された「クリティカルシンキング」という科目を本務校で担当しました。この授業が始まる前から、何人かの学生に予想もしなかった次のような質問をされ、びっくりしました。

「この授業は英語で行われるのですか」

何故、このような質問をしたのかたずねました。その答は2つでした。「この科目名が、カタカナで表記されている」と「担当者が英語の教員であること」でした。この2つの答えから、上記の結論、「この科目は英語で行われる」にいたるには、次のような前提が隠されています。「カタカナで表記されているすべての科目は英語で授業が行われる」と「英語の教員は授業を英語で行う」です。これは必ずしも正しくない（日本語で講義するカタカナで表記されている科目を示せばよい）ので、結論は誤りとなります。著者に上記のような質問をした学生は、無意識のうちに、隠れた前提を見出せず、かつ、その妥当性のチェックもできなかったことになります。

「クリティカルシンキング」という授業では、「書く」という作業に重点をおきました。「書く」という行為は、脳を活性化させることができます。書くことによって、考えることができます。書く前に考えていなかったことが脳にひらめくことがあります。とにかく、書いてみる、そうすれば、書く前に気づかなかったことに気づくことがあるのです。必ず気づくというわけではないが、

気づくこともあるのです。この授業では、ほぼ毎回、最後20分くらいを利用して、自分の意見を書いてもらうことにしました。著者は、その論証文に必ず2回ずつ目を通しました。2回にしたのは、1回では誤りの見落としやチェックの基準が微妙に変化していることに気づかないことがあることを経験的に知っていたからです。そして、次の週の授業に必ず返却しました。さらに、共通している誤りを分析しました。

著者は、本務校で、人間科学部の健康心理学科に所属しています。この学科に所属することで、門外漢である心理学に関して、少しは学ぶ機会を得ました。学んだことの一つが、心理学は一般的には文系（文学部）に属している学問と考えられているが、アンケートや実験結果の分析に統計の知識が必要となり、数字を扱うという点では、理系の知見も必要であるということでした。著者の専門にしている英語教育は文系の学問と捉えられていますが、英文の理解や結束性・一貫性のある英文作成には、論理的・客観的分析力を必要としていると言えます。このように、文系と理系という境界線を越えて、幅広く学ぶことが必要とされています。

では、当然と考えられていることの妥当性を検証するために、いくつかの問いに答えてみましょう。

> Q1 　関西大学と関西学院大学という大学がそれぞれ大阪府と兵庫県にあります。前者の下線部は、「かんさい」と発音するので、後者の下線部も「かんさい」と発音する。この論証内容は正しいでしょうか。

これは正しくありません。後者は「かんせいがくいん」（正式には「くゎんせいがくいん」）と発音します。何故このような誤りが生じるのでしょうか。それは、「同じ漢字を使えば、その日本語の発音は同じ」という隠れた前提が正しいと考えているからです。そして、この前提が正しくないのです。人の姓で、同じ漢字を使っても、読み方が違う場合があります。例えば、「橋下」はどう読むでしょうか。多くの人は、「はしもと」と読むと思います。何故なら、2009年10月では、大阪府知事は「橋下」さんで、「はしもと」と読むからです。「大阪府橋下知事」であれば、「橋下」は「はしもと」と読みます。何故な

ら、歴代大阪府知事の中で、「はしした」知事は存在しなかったからです。しかし、「橋下」は、「はしもと」とも「はしした」とも読めます。「はしもと」とは限らないのです。「大阪府知事」という脈絡のなかでのみ、「はしもと」と読めるのです。

Q2 「国立大学」と「東京都国立市」のそれぞれの下線部はどう読みますか。

異なった脈絡の中での同じ漢字である「国立」の読み方は異なります。最初が「こくりつ」で、2つ目が「くにたち」です。東京都にある「市」で、「国立」を「こくりつ」と読む「市」はないという隠された前提に基づき、「こくりつ」とは読めないと言えます。

Q3 「十三」はどう読みますか。

阪急電鉄神戸線で、梅田駅から2つ目の駅が「十三」駅です。この駅は「じゅうそう」と読みます。「十三」駅周辺に住んでいる人で、「じゅうさん」と読む人はいないと思います。しかしながら、この阪急電鉄の駅になじみのない人は、「じゅうさん」としか読めません。埼玉に住んでいる著者の知人は、「十三」を「じゅうさん」としか読めないと言っていました。では、「十三信用金庫」の「十三」はどう読むでしょうか。「じゅうそう」です。何故かと言えば、「十三信用金庫」は固有名詞、つまり「十三」は地名と判断されるからです。但し、「じゅうさん」という地名がない場合に限られます。「じゅうさん」という地名はなさそうです（「但し」と「しかし」の違いを学ぼう）。

Q4 著者は、阪急電車で通勤をしています。阪急神戸線で三宮駅から十三駅まで行き、京都線に乗り換えて、正雀駅（十三駅から6つ目

> の駅）で下車します。2010年の3月に京都線に摂津市駅という新駅ができたので、京都線のダイヤ改正が実施されました。新ダイヤでは、平日でも「特急」（十三9時台発）が淡路駅（京都線の駅は、大阪から京都に向かって、十三―南方―崇禅寺―淡路―上新庄―相川―正雀と続いている）に停車することを確認してから、2010年4月13日に、8時1分発の「特急」に乗車しました。しかしながら、淡路駅で「特急」は停車しませんでした。何故でしょうか。

　答えは、阪急電鉄の京都線には、二種類の「特急」を運行させていることを著者は知らなかったから、です。一般的には二種類以上の「特急」を運行させていることを想像できないのですが、阪急電鉄は京都線にも二種類の「特急」を運行させています。特急と通勤特急です。前者は淡路駅に停車しますが、後者は停車しません。そして、9時台は、特急で淡路に停車させ、8時台は少しでも早く通勤客を降車駅に到着させるために通勤特急を運行させ、淡路には停車させていません。

> Q5　ある2人が次のような会話をしたとします。Bの2つの発話の意味を考えましょう。
> A：「日本に死刑制度は存在する？」
> B：「もちろん、日本にはあるよ。」
> A：「では、アメリカでは？」
> B：「アメリカでもあるよ。」

　この会話で、Bさんの言った「日本に死刑制度が存在する」と「アメリカに死刑制度が存在する」に関して、アメリカの死刑制度に関する内容は必ずしも正しくありません。何故なら、前者も後者も限定する語句が入っていないので、「日本全体で死刑制度が存在する」と「アメリカのすべての州で死刑制度が存在する」という意味になるからです。限定する言葉がなければ、「すべての」という言葉を入れて読み取ります。これが隠されている前提です。2018年1

月現在、アメリカでは、17州で死刑は廃止されています。

Q6　ある人が次のように言ったとします。どのような意味を示唆するでしょうか。
「人を殺せば、有罪である」

　ここにも限定する言葉が入っていないので、「人を殺せば、例外なく有罪である」という意味になります。しかしながら、①正当防衛が証明された場合、②犯行時の精神状態が正常でなかった（心身喪失であった）ことが証明された場合は有罪にはなりません。また、死刑執行や戦争の場合も、人を殺しても有罪にはなりません。

Q7　聖書の十戒の中に「あなたは殺してはいけない」という戒めがあります。これはどういう意味になるでしょうか。

　限定する言葉が付随していないので、「どのような場合でも、どのような人でも殺してはいけない」と解釈されます。即ち、まだ生まれていない胎児でも、どのような極悪犯であっても、殺さなければ殺されるという極限の中にあっても、「殺してはいけない」のです。換言すれば、人工中絶・死刑・戦争に反対というのが、「あなたは殺してはいけない」という意味です。

▶▶問題（1）
　ある学会（英語教育）の講演の最初に、その講師は、「"Are you a native?"と質問されればどう答えますか」と聴衆（ほとんどが日本人）に質問しました。著者は、同じ質問を、ある英語のクラス（すべての学生は日本人）にしました。そうすると、ほとんどの人が、"No"と答えました。答えは、勿論、"Yes"です。何故でしょうか。

2. つなぎの言葉

「書く」力をつけるには、つなぎの言葉に注意する必要があります。特に、「が」・「しかし」・「ただし」のような接続詞の使い方に注意をはらってみましょう。

(1)「あの先生は厳しいが、人情味もある。」
(2)「あの先生は人情味もあるが、厳しい。」

この2文を比較すると、(1)の方がより自然です。接続詞の「が」や「しかしながら」は、その前後で、後におかれている内容の方に前のそれより重点が置かれ、日本では「人情味」を「厳しさ」よりも重点をおく傾向があるからです。

(3)「あの先生の教え方は上手だ。但し、厳しいよ。」
(4)「あの先生の教え方は上手だが、厳しいよ。」

この2文を比較すれば、(3)は「上手」に、(4)は「厳しい」に重点が置かれています。(4)は、「教え方が上手であれば、厳しくない」が前提になっています。「彼女は日本人であるが、英語が大変上手だ」という表現について、日本語の「が」という助詞は「転換」に使うので、「一般的には、日本人は英語をうまく話せない」という前提があると指摘できます。

▶▶問題（2）
　橋元淳一郎氏（SF作家・相愛大学人文学部/物理学）の書いた「文系と理系の垣根」（『言語』2009年6月号）を読んで、空所にはどのような「つなぎの言葉」が入るか考えてみましょう。

　土地付きの家に住む人の多くは、敷地の周囲に垣根を作る。垣根なしの住宅もないわけではないが少数派で、逆に威圧的な高い塀で囲まれた家

も結構ある。人間も動物界に属するから、これは多分縄張り本能の現れであろう。人間社会には、さまざまな物理的垣根、心理的垣根がある。文系と理系の垣根も、その一種である。実感として、この垣根は相当に高い。

　ぼくは一応理系人間である。一応などという曖昧な修飾を付ける理由は、理系の教育を受け、理系的なものの考え方をしてきたにも拘わらず、理系の垣根の中に留まりたくないからである。それで時々、怖いもの知らずの幼児のように、垣根に小さな穴を開けて首を出す。するとそこには文系という理解不可能だが魅力的な世界が拡がっている。こうした些細な行為がお咎めを受けることはほとんどないが、喜びのあまり大声を出したり、中に戻って外の世界の面白さを吹聴したりすると、しばしば冷たい視線が返ってくる。

　「文系と理系の垣根を取り払おう」というスローガンを否定する人はあまりいないであろう。（　１　）、いざ誰かが垣根を壊そうとすると、「おいおい、君は何をしているのかね？」と忠告するお節介な人が出てくることも事実である。

　垣根が壊されることを不快に感じる理由は、大きく分けて２つあると思う。（　２　）、外から部外者が侵入してくることに対する恐怖と、自分が未知の世界へ出ていかねばならないことへの恐怖である。人間社会におけるもっとも大きな垣根は、自国と他国を区切る国境線である。現代では多くの人が外国に興味を持ち、外国語を学び、外国の文化を理解しようとするが、それは外国および外国人に対する本能的な恐怖の裏返しではなかろうか。

　自分が幼少から親しんできた言葉や文化とは異なるものは劣ったものであるという考えは、多分に教育のせいであるだろうが、そのような異分子排斥の感覚は、動物としての自己防衛本能に発するものだと思う。そのことを理解しておかないと、我々はいつでも簡単に、「野生の思考」を「野蛮の思考」と見なす錯覚に陥ってしまう。これは人種や国家の問題だけでなく、文系と理系の問題でもあるのだ。

　文系の人が書く文章に、理系の言葉が使われることがある。文学的表現の中に、（　３　）「磁力」という物理用語が効果的な文脈で入ると新鮮であるし想像力も掻きたてられる。（　４　）、堅物な物理学者の中には、

そうした文章を「磁力の定義を知らずに書いている」と非難する人がいる（話は脱線するが、そういう見方をすれば宮沢賢治の作品などは間違いだらけだが、オーソライズされたものには誰も文句を言わない）。逆に、理系の人が哲学用語を使えば、きっと同じように非難されるであろう。

多かれ少なかれ、垣根を越えて知的活動をすると、稚拙だと見られることが多い。しかし、これは外国人が話す日本語が我々日本人にとっては稚拙に聞こえるというのと同じことである。言葉遣いとしては稚拙であっても、その話の内容までもが稚拙であるとは限らないことは言うまでもない。

以上を認めてもなお、「文系の人間に理系のことは分からない。彼らは理系の事柄についてはアマチュアなのだから」（文系と理系を入れ替えてもしかり）というもっともらしい反論があるかも知れない。（ 5 ）、理系のプロとは何であろう？ 理系にも、数学、物理学、化学、生物学など多くの分野があり、（ 6 ）それぞれの分野は細分化されている。たいていの人は特定の専門領域だけのプロであって、それ以外の領域のことはアマチュアであるに過ぎない。（ 7 ）、垣根を越えたテーマを扱うときには、必然的にアマチュア的精神が必要となるのである。

3. 発話と推論

福澤氏の『議論のレッスン』で紹介されている用語を使わせて頂くと、データ・事実は根拠を言い表し、「根拠」とは、結論と対になって提示される理由をさし、「論拠」は、主張と根拠を結合させる役目をする暗黙の仮定を言います。前節で記されている隠された前提は、この論拠にあたります。論拠とは、一般的には正しいと思われている考え、常識などです。そして、「推論」とは、データ・根拠から結論にいたる過程のことです。次の例にある発話は事実の表明でしょうか、それとも推論された内容でしょうか。

発話 1

ある朝、著者は大学の最寄の駅で、ある学生に久しぶりに出会いました。この学生を含めた学生たちに補習をしていましたが、彼女は最近欠席していました。著者が、「久しぶりだね」と事実を言ったにすぎなかったのに、その学

生から「すいません。また行きます」という返事が返ってきました。彼女は、「この頃会っていないと言われた」という既知の事実から、「これからは補習に参加しなさい」という著者の指導の言葉であると推測したのでしょう。教員と補習を受けていた学生という立場の違いが隠された前提となり、こうした推論を生み出したのでしょう。

発話2
　もう30年くらい前のことです。著者の姪が10歳くらいの時、家族と一緒に我が家を訪ねてきました。ちょうど、2人で出かけ、帰途に信号のある横断歩道にさしかかりました。信号は赤でした。著者は、左右を見て、車が来ないことを確認してから横断歩道を渡りかけました。その時、彼女が言いました。「おっちゃん、学校の先生違うん」。その時も、著者は学校の先生でした。彼女は、著者が学校の先生かどうかという事実を確認しようとしたのではありません。彼女は、「学校の先生であれば、社会的にも模範を示さなければならない。つまり、信号は守るべきだ」という主張をしたかったのです。著者は、彼女の意図を理解したので、横断歩道を渡るのをやめました。もし、著者が、「そうだよ。おっちゃんは、学校の先生だよ」と言っていたら、彼女の意図を推論できなかったことになります。事実の単なる描写や確認ではなく、他の人に自分の主張を推し量ってもらうための発話もあります。学校の先生であった著者と10歳の少女という立場の違いが隠された前提となって、著者に自分の主張を推論してほしかったと分析できます。

　このように、「久しぶりだね」と「おっちゃん、学校の先生違うん」という発話は、隠された前提を基に推論をもたらすのです。

4. 三段論法
　根拠や論拠を使った推論は三段論法と言われます。三段論法には、定言三段論法、選言三段論法、仮言三段論法の三つがありますが、本書では、定言三段論法を、主に説明します。三段論法では、根拠と論拠という2つの前提が正しければ、結論が正しいということになります。三段論法とは、野内氏の『実践ロジカル・シンキング入門』によれば、次の5点を満たさなければならないと

述べています。
　①どの命題も主語─述語からなる。
　②２つの前提と結論からなる。
　③大名辞、中名辞、小名辞という３つの概念があらわれる。
　④結論の主語（小名辞）と結論の述語（大名辞）は両前提に一回出てくる。
　⑤両前提に出てくる名辞（中名辞）が必ずある。
次の例が典型的です。
　Ｍ（中名辞）はＰ（大名辞）である。　　すべての人間は死ぬ。（論拠）
　Ｓ（小名辞）はＭ（中名辞）である。　　ソクラテスは人間である。（根拠）
　Ｓ（小名辞）はＰ（大名辞）である。　　ソクラテスは死ぬ。（結論）

この根拠・論拠・結論は、次のような三角ロジックで表現できます。

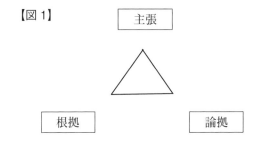

【図１】

　例えば、「彼は血液型がＢ型だから、身勝手である」という推論には、「Ｂ型の人すべてが身勝手」という「論拠」が隠されています。「Ｂ型の人すべてが身勝手」は正しくないので、「彼は血液型がＢ型だから、身勝手である」の推論は正しくないと言えます。但し、現在では、血液型から性格を言いあてることはむずかしいと言われています。

▶▶問題（３）
　上記の例の根拠・論拠を、三角ロジックで指摘してみましょう。

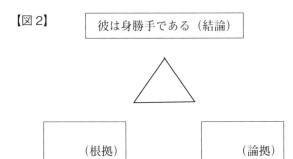

Q8 「東京の人々が話す言葉は、必ずしも標準語とは言えない」という推論は正しいでしょうか。

この推論に用いられた根拠・論拠・結論を考えると次のようになります。
　根拠：東京には、地方からの人々が住んでいる。
　論拠：その人たちはその地方のことばを話す。
　結論：東京の人々が話すことばは、必ずしも標準語とは言えない。

　東京には、日本各地からの人々が集まっており、その人々は、東京でもその地方のことばを話しているので、東京に住んでいる人々は、必ずしも標準語を話しているわけではないのです。標準語かそうでないかの基準も判然としません。

▶▶問題（4）
　次の結論は正しいでしょうか。また、それぞれの論拠は何でしょう。

1. ニューヨークとロサンゼルスの時差はない。
　　根拠：日本には時差がない。

論拠：_____

2. ニューヨークと大阪の時差は1年中同じである。
   根拠：日本にはサマータイムはない。

   論拠：_____

3. ホノルルと大阪の時差は1年中同じではない。
   根拠：日本にはサマータイムがない。

   論拠：_____

> Q9　次の表は、アムネスティー・インターナショナル、2007年9月に発表した「世界の死刑廃止・存続状況」です。このデータから、「世界で死刑を廃止している国が過半数を占める」とも「世界で死刑を存続している国が過半数を占める」とも言われます。何故でしょうか。

【表1】

	国・地域数
あらゆる犯罪に対する死刑廃止	90
軍法下の犯罪などを除く通常犯罪で廃止	11
10年執行していないなど事実上廃止	32
通常の犯罪に対して死刑を存続	64

「軍法下の犯罪などを除く通常犯罪で廃止」の国11ヶ国と「10年執行していないなど事実上廃止」の国32ヶ国をどう解釈するかで、「死刑廃止国が過半数」とも「死刑存置国が過半数」とも読み取れます。この2種類を廃止国とすれば、「197ヶ国中、過半数の133ヶ国が廃止をしている」となり、その2種類の国を存続国と解釈すれば、「197ヶ国中、過半数の107ヶ国が存続してい

る」となるのです。

5. 演繹推論と帰納推論

「血液型がB型の人は身勝手だという推論は正しくない」と前に述べました。これは、「XさんはB型で身勝手だった、Y君もB型で身勝手だった」というように、XさんとY君のような個々の事実から、B型人間は身勝手であるという一般的な傾向に結論づけたやり方（これを帰納推論と言います）が誤りでした。これに対して、「<u>大阪は、ニューヨーク（アメリカ東部時間帯）より、標準時（サマータイムではなく）で14時間早い</u>ので、1月1日の大阪で午後3時であれば、ニューヨークではその日の午前1時である」という推論は正しい（計算式を書くと、3+12=15、15-14=1）のです。何故なら、下線部のような、人々が正しいと認めている事柄を、大阪の午後3時のような個々のデータに当てはめているので、演繹推論と言います。整理しますと、二つの推論は次のようになります。

> 演繹推論＝一般的な傾向を個々のデータに当てはめて仮説をうちたてる
> 帰納推論＝個々の事実から一般的な傾向を読み取って仮説をたてる

Q10「Aという大学教授はわがままだ。Bという大学教授もわがままだ。だから、大学教授はわがままだ」という推論は帰納推論でしょうか、演繹推論でしょうか。

「Aという大学教授はわがまま」と「Bという大学教授もわがまま」という個々の事実から、一般的な傾向を読み取っているので、帰納推論と言えます。

「批判的思考は、他人の誤りや欠点を指摘するための思考」とよく解釈されます。何故このような誤解がおこるのでしょうか。この内容を検証します。演繹推論とは、いくつかの前提をもとに、論理的に妥当な形式だけにのっとって結論を導きだす手続きであり、帰納推論とは、個々の現象から一般的な結論を導きだす手続きのことでした。「批判的思考」という表現は、「批判的」と「思

考」を合成した表現と考えられています。たとえば、「ファミレス」は「ファミ＝ファミリー」＋「レス＝レストラン」で、「ファミリーレストラン」という意味になるという合成性の原理に基づきます。合成性の原理とは、まとまり全体の意味が、個別の要素を足し算した意味と考えられています。では、この合成性の原理は妥当な概念でしょうか。妥当性を否定するには、1つの反証が存在することを示すだけで十分です。その反証は、「"downtown"＝"down"（下）＋"town"（町）」で、"downtown"を合成性の原理で「下町」と訳すと誤りというものです。この意味は「繁華街」または「商店街」です。"Downtown"は二分できないのです。従って、合成性の原理は必ずしも正しくないのです。デジタル大辞泉は、「批判」を①「人の言動・仕事などの誤りや欠点を指摘し、正すべきであるとして論じること」以外に、②「物事に検討を加えて、判定・評価すること」という意味もあると記しています。批判と言えば、①の意味しかないと断じたところに、「批判的思考は、他人の誤りや欠点を指摘するための思考」という誤解の原因があります。

　根拠とは、主張を導くもとになる証拠であり、論拠とは、根拠からどうして主張が導かれるかの理由に対応するものです。これに基づいて、この事例の論拠と根拠を指摘すると次のようになります。

- 合成性の原理は常に妥当である（論拠）。
- 「批判的思考」は、「批判的」＋「思考」に二分され、「批判」は他人の誤りや欠点を指摘し正すことという意味しかない（根拠）。
- したがって、「批判的思考」は、「他人の誤りや欠点を指摘するための思考」と解釈される（結論）。

　合成性の原理は必ずしも正しいとは限りませんが、この事例では、論拠である合成性の原理を適用できます。しかしながら、批判という語句は「他人の誤りや欠点を指摘すること」という意味しかないという根拠が誤りです。演繹推論は、論拠と根拠が妥当かどうかを常にチェックする必要があります。論拠か根拠が正しくなければ、その結論は正しくないからです。

▶▶問題（5）
次の論証は演繹推論でしょうか、帰納推論でしょうか。

(1) 先日、ある高校の生徒が、駅のホームで制服を着てタバコを吸っていた。だから、制服着用は喫煙行動の抑止力にならない。

(2) 984は6の倍数である。すべての6の倍数は3の倍数である。ゆえに、984は3の倍数である。

(3) 25×25=625, 45×45=2025, 75×75=5625であるから、85×85=7225である。

(4) 2008年ノーベル物理学賞を受賞したある日本人教授は、英語が話せなかったそうである。従って、英語を話せなくても、ノーベル物理学賞を受賞できる。

著者は、第1節で、推論は演繹推論と帰納推論の2つに分類できると説明しました。この2つの分類を理解した段階、即ち、第2節で、もう1つの推論であるアブダクション（仮説的推論）を紹介します。推論を3つに分類していることになります。一方、演繹以外の推論すべてを帰納推論とし、演繹推論と2つに分類する学者もいます。この場合の帰納推論は、枚挙的帰納・類推・アブダクションに分類されます。帰納推論の中で、一般的なものは枚挙的帰納です（この言葉は、後程説明します）。また、演繹推論・帰納推論という用語を用いずに、それぞれ「推論」・「推測」という用語を使用している学者もいます。また、「演繹推論」という用語は用いても、帰納は「帰納推理」という用語で、演繹と帰納の違いを明確にしている学者もいます。

今までは、演繹推論と帰納推論という専門用語を用いて、ある命題がどちらの推論に基づくかを検証してきました。しかしながら、よく考えると、ある命

題は、2つの推論を利用している場合もあります。例えば、次の演繹推論の典型的な例を考えてみましょう。

① ソクラテスは人間である。
② (すべての) 人間は死ぬ。
③ 故に、ソクラテスは死ぬ。

「①は根拠で②は論拠と考えられ、②の論拠は妥当だから③という結論は妥当である」という代表的な妥当な演繹推論とされています。ここで、②の論拠が妥当かどうかを考えてみましょう。「人間は死ぬ」を妥当な命題としましたが、すべての人間の死を確認した人は一人もいません。つまり、「人間は死ぬ」という命題の妥当性には疑問符がつきますが、これは妥当と見なします（帰納推論）。

同様の例は、「明日も太陽は東から昇る」です。「今日も昨日も一昨日も、太陽は東の空から昇った」ので、「明日と今日、そして未来は似ている」という論拠という仮説を導き（帰納推論）、明日も「太陽は東から昇る」であろうと結論づけます（演繹推論）。論理的には、「過去に起こった天文学的事象は明日も起こる」かどうかは不明です。しかし、一般的には、この仮説は妥当と見なします。「人間は死ぬ」や「明日と今日、そして未来は似ている」という仮説は、論理的には不確かな帰納推論であっても、それを妥当な論拠と見なして、演繹的に推論するのです。「人としてのソクラテスは死んだ。人としてのプラトンは死んだ。人としてのアリストテレスは死んだ。従って、人間は死ぬ」や「今日も昨日も一昨日も太陽は東から昇った。従って、いつも太陽は東から昇る」は、代表的な枚挙的帰納です。

6. 必要条件と十分条件

ここに、2つのベン図があります。ベン図とは、複数の集合の関係や集合の範囲を図式化したもので、ジョン・ベンの論理学の名前から由来しています。

【図3】

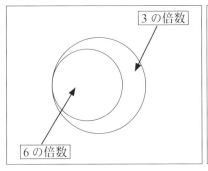
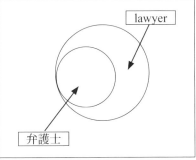

　3の倍数は6の倍数の必要条件ですが、6の倍数は3の倍数の十分条件です。即ち、6の倍数であれば必ず3の倍数になりますが、3の倍数であっても必ずしも6の倍数でないのです。英語の"lawyer"は、弁護士・検察官・裁判官、そして法律学者を指すと考えられます。即ち、"lawyer"は「弁護士」であるための必要条件であり、「弁護士」は"lawyer"であるための十分条件なります。この2つの集合をベン図で表すと図3のようになります。　従って、「6の倍数であれば、3の倍数である」と「弁護士であれば、lawyerである」という推論は正しいのです。しかしながら、「3の倍数であれば、6の倍数である」と「lawyerであれば、弁護士である」という推論は正しくないのです。

▶▶問題（6）
　何条件になるか考えてみましょう。

(1) 大学で、履修登録することは、単位を修得するための何条件か。
(2) 英語が話せることは、英語の先生になるための何条件か。
(3) 大学の教員をしていることは、「先生」と呼ばれるための何条件か。
(4) 心理学科と印刷されている名刺を所持している教員は、心理学の専任教員であるための何条件か。
(5) 正方形は、四角形であるための何条件か。

第 1 章　クリティカルシンキングとは

▶▶問題（7）
　小室直樹氏の『数学を使わない数学の講義』の内容を使わせて頂きます。

　経済学者である小室は、ある学会で、「経済学を学ぶには、数学が不可欠である」と言った。この言葉を聞いた老経済学者は、その学会が終了してから、小室に、「数学をいくら学んでも、経済学は習得できない」と言った。小室は、「必要十分条件をこの老学者が理解していてくれれば、このような議論にはならなかった」と言った。
　<u>次の文章は、著者の分析です。（　　　）の中に必要か十分を入れましょう。</u>

　小室氏の言った「経済学を学ぶには、数学が不可欠である」とは、「数学を学ぶことが、経済学を学ぶための（　　　）条件である」という意味であり（図4の左）、小室氏の言葉を老経済学者は、「数学を学べば、経済学は習得できる」＝「数学を学ぶことは、経済学を学ぶための（　　　）条件である」（図4の右）と解釈した。小室氏の言った「数学は経済学をわかるための（　　　）条件」と、老経済学者の言った「数学は経済学がわかるための（　　　）条件ではない」は矛盾しない。

【図4】

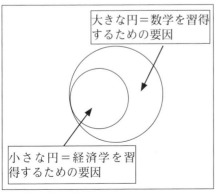
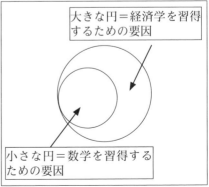

19

1つ追加で説明しておいたほうがよいことがあります。それは、論理命題と統計的な言明の違いです。前者の1つの項目として演繹推論があげられます。例えば、「スピード違反をすれば減点になるは十分条件である」という命題を「スピード違反は警察に見つからなければ減点にならないので十分条件ではない」という主張は統計的な言明による解釈です。「スピード違反は、運転免許停止にならずに減点になる（但し、状況によっては免停になる場合もある）」という命題は演繹推論であり、統計的な言明ではありません（「しかし」と「但し」の違いを学ぼう）。統計的な言明は、いくつかの例外を認めます。通念とも言えます。例えば、「フランス人は、ワインが好きだ」という内容が妥当かどうかを検証するとき、ワインを好まないフランス人が存在しても「フランス人はワインが好きだ」は正しいとします。これが通念であり、統計的な言明です。つまり、例外を認めるのです。

7. 逆・裏・対偶

　次に、必要条件と十分条件を使って、真である命題の逆・裏・対偶の真偽を説明します。演繹推論と帰納推論の評価は前提の形式的妥当性を検証しなければなりません。ある推論が論理的であることは、その推論の過程が形式的に正しいことで、これを野内氏は、形式的妥当性と呼んでいます。その妥当性のために、ある命題の逆・裏・対偶とその真偽を分析しなければならないのです。命題とは、次の3点を満たさねばなりません。
　（1）平叙文でなければならない。
　（2）平叙文であればその形態は問わない。
　（3）名辞（名詞・名詞句・形容詞をさす。概念をあらわすが、真偽には無縁）は命題にはなれない。

　　順命題：　　「AであればBである」
　　逆命題：　　「BであればAである」
　　裏命題：　　「AでなければBでない」
　　対偶命題：　「BでなければAでない」

第1章　クリティカルシンキングとは

【図5】

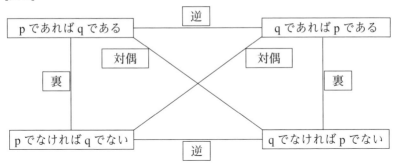

▶▶問題（8）
　ベン図と逆命題という2つの観点から、「①Aさんには、アリバイがない。②アリバイがなければ、犯人である。③従って、Aさんは犯人である」という推論は正しいでしょうか。空所を埋めましょう。

　①の根拠は事実として捉えます。しかしながら、②の論拠と考えられている内容が真ではありません。下記の図6から「＿＿＿＿＿＿＿＿＿＿＿＿＿＿」は真の命題であるが、「＿＿＿＿＿＿＿＿＿＿＿＿＿＿＿＿」は逆命題となり、正しくありません。犯行時間にアリバイのない人は、犯人以外に何人もいると説明できるからです。犯人であることは、犯行時間のアリバイがないための（　　　　）条件であり、犯行時間のアリバイがないことは、犯人であるための（　　　　）条件であって、（　　　　）条件ではないのです。

【図6】犯行時間のアリバイのない人／犯人

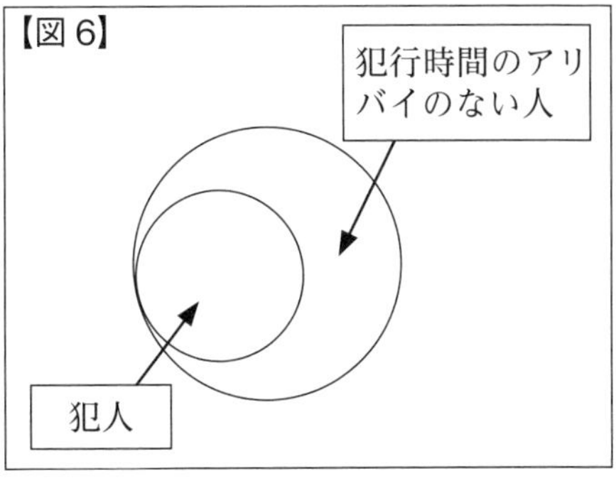

著者は、ある日、学生生活に関する会議に出席しました。会議が終わってから、隣に着席されていた先生と名刺交換をしました。著者の名刺には、「健康心理学科」という所属学科名が印刷されていました。その先生は、「心理学の先生でいらっしゃいますね」と著者に問いかけてきました。この先生は、「心理学科に所属している名刺をもっている専任教員は、心理学の教員である」と考えたのでした。しかしながら、著者は、心理学の教員ではありません。何故、この先生のような推論がおきたのか、逆または裏という用語を用いて説明してみましょう。

▶▶問題（9）
　順の命題が、「心理学の専任教員であれば、心理学科と印刷された名刺を所持している」であれば、逆・裏・対偶命題はどうなるでしょうか。

　　逆の命題：＿＿＿＿＿＿＿＿＿＿＿＿＿＿＿＿＿＿＿＿＿＿＿＿＿＿

　　裏の命題：＿＿＿＿＿＿＿＿＿＿＿＿＿＿＿＿＿＿＿＿＿＿＿＿＿＿

　　対偶命題：＿＿＿＿＿＿＿＿＿＿＿＿＿＿＿＿＿＿＿＿＿＿＿＿＿＿

> Q11　2002年、東京都千代田区では、路上喫煙者に対して、2000円の 過料 を科するという条例を制定しました（「過料」と「罰金」の違いを学ぼう）。この条例に賛成か反対かの意見を学生に書かせました。ある学生は次のように書きました。この推論は正しいでしょうか。

「千代田区の条例には賛成である。何故なら、たばこが子どもにとって危険であるからである。喫煙がわれわれの体に危険であることを理解していない。千代田区の条例に賛成である。」

この学生の推論は正しくないのです。何故なら、真である命題の逆命題だからです。また、「われわれ」とは誰を指すのか、「危険」とはどういう意味かの説明も欠落しています。

▶▶問題（10）
　この命題の逆・裏・対偶はどうなるでしょうか。
　千代田区のこの条例に賛成すれば、路上喫煙を容認していないことになる（この命題は真）（「賛成」と「容認」の違いを学ぼう）。

　　逆：＿＿＿＿＿＿＿＿＿＿＿＿＿＿＿＿＿＿＿＿＿＿＿＿＿＿＿＿

　　裏：＿＿＿＿＿＿＿＿＿＿＿＿＿＿＿＿＿＿＿＿＿＿＿＿＿＿＿＿

　　対偶：＿＿＿＿＿＿＿＿＿＿＿＿＿＿＿＿＿＿＿＿＿＿＿＿＿＿＿

　逆と裏は真ではありません。路上喫煙を容認しない人でも千代田区の条例に反対している人がいます。路上喫煙を、条例という法的規制の対象にすべきでないという理由が考えられます。

　ある命題の妥当性を検証するときに、まず、その対偶命題を考え、それが妥当かどうかを考え、そのあとで問題となっている命題が妥当かどうかを検証します。何故なら、順命題が妥当であれば対偶命題も妥当だからです。

順命題が正しければ対偶命題が正しいことを、ベン図を使って説明しましょう。

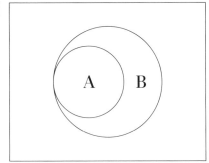
【図7】

　このベン図（小さい円をA、大きい円をBとする）を見れば、「Aであれば B（順命題が正しい）」であれば、逆命題である「BであればA」は正しくない。裏命題である「AでなければBでない」も正しくない。さらに、「BでなければAでない」という対偶命題は正しい。以上のことはすぐにわかるでしょう。

　対偶命題を使った分析を紹介します。「数学に弱い人は文系である」は妥当な命題かどうかという問いです。「①数学に弱い人は文系である」という命題は「②理系であれば数学に強い」の対偶命題です。この対偶命題を根拠とし、「Aという命題が正しければ、その対偶命題も正しい」を論拠とすれば、①の命題の妥当性は、②の命題が妥当かどうかで検証できます。ある理科系の教授が、「工学部・医学部・薬学部・農学部には理科系的な人は多くいない」と指摘し、これに 同意 する理科系の別の教授がいました（「合意」と「同意」の違いを学ぼう）。そこで、②の命題は必ずしも妥当でないと言えます。従って、①も必ずしも妥当でないと言いうるのです。

8. 対偶と背理法

　因果関係をあらわす推論以外にも、隠れた意味が問われることがあります。例えば、「車内での携帯の通話はご遠慮下さい」という電車内での車掌のアナウンスは、「車内で、携帯によるメールをご使用になっても結構です」を示唆します。同様に、阪急電鉄が「神戸線・宝塚線・能勢電鉄線はダイヤを改正します」とアナウンスすれば、阪急電鉄の「他の線はダイヤ改正をしない」を示唆します。何故なら、前者では、もしメールも車内では禁止であれば、そのよ

うにアナウンスするはずだが、そのアナウンスはない、後者であれば、すべての線でダイヤ改正をするのであれば、そのようにアナウンスするはずだが、そのアナウンスがないからです。このように、証明したいことの反対を仮定し、その結果、推論される内容と現実が食い違うことを示すことによって、最初の仮定を否定することを背理法と言います。ここであげた二例とも背理法を利用したものと言えます。背理法は「対偶」の応用です。

①証明したいことの反対の場合を仮定する。
②その仮定の下で矛盾（不合理）が生ずることを示す。
③誤りであることが分かった初めの仮定を取り下げて、その反対を主張する。

> Q12 次の英文の、spread は原形か過去形か過去分詞形かを対偶を使って説明しましょう。
> "He spread the rumor........."

　この動詞の活用は、spread, spread, spread と原形・過去形・過去分詞形と同形です。この文脈で、この動詞が過去形で使われていることを、二つの対偶で説明します。

第1の対偶
　①「この動詞は過去分詞形で使われている」と仮定する。
　②過去分詞形であれば、完了をあらわす have, has, had か 受動態をあらわす is, are, was, were のどれかの助動詞が先行する。しかしながら、どの助動詞も先行していない。
　③従って、過去分詞形ではない、即ち、「現在形か過去形である」と結論づける。
第2の対偶
　①「この動詞は現在形で使われている」と仮定する。
　②主語が三人称単数なので、動詞に"s"がつくはずであるが、動詞に"s"がついていない。矛盾する。

③ 従って、最初の仮定を取り下げて、「時制は過去形」と結論づける。

> Q13 「ロンドンと大阪の時差は 8 時間である」という言明では何故、「1 年中」を挿入して解釈するのでしょうか。

「1 年中」でないと仮定します。「1 年中」でなければ、限定された期間が書かれているはずです。しかしながら、そう書かれていません。従って、「1 年中」を挿入して解釈します。但し、言明とは、ある考えを命題の形式で述べられた文を指します。

> Q14 「この度、阪急電車はダイヤ改正をします」という言明では何故、「全線」を挿入して解釈するのでしょうか。

「全線で」でないと仮定します。「全線」でなければ、「○○線」と書かれているはずです。しかしながら、そう書かれていません。従って、「全線」を挿入して解釈します。

▶▶問題（11）
「10 月 28 日に、阪急電車はダイヤ改正を行う」という日本文は何を示唆しているでしょう。対偶を使って 2 つ指摘しましょう。

9. トゥールミン・モデル

　トゥールミン・モデルは、イギリスのスティーブン・トゥールミンが提案したものです。福澤氏によれば、このモデルでは、結論・根拠・論拠（暗黙の仮定）・反証・裏づけを必要としています。反証とは、論拠の効力に関する留保

条件であり、裏づけとは、論拠を支持するものです。次の例で説明します。

　ある大学の宿泊オリエンテーションで、ある学生は、「オープニングセレモニーを撮影しているおじさんがいました。このおじさんは、大学が雇ったカメラマンに違いない」と考えました。しかし、この推論は誤りでした。これを、トゥールミン・モデルを使って説明してみると、次のようになります。

【図8】

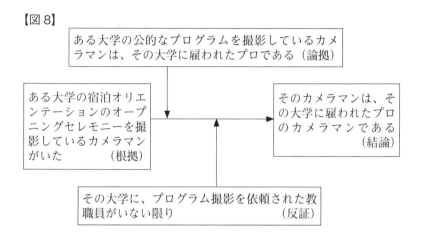

　「その大学に、プログラム撮影を依頼された教職員がいない限り」、根拠から結論に至る論証は正しいと言えます。もし、その大学に撮影を依頼された教職員がいれば、根拠から結論には至らないことになります。実際には、この「カメラマン」は、その大学の教員でした。

▶▶問題（12）
　2005年9月上旬、著者はロンドンに約1週間滞在し、その直後の授業で、「ロンドン滞在経験から、大阪とロンドンの時差は8時間である」と言いました。この著者の論証は正しいでしょうか。空所を埋めましょう。

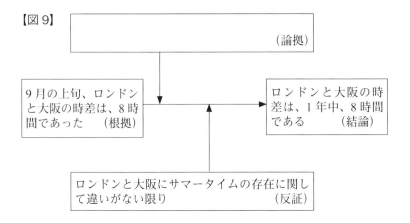

「ロンドンと大阪にサマータイムの存在に関して違いがない限り」、根拠から結論への論証は正しいとなります。

▶▶問題（13）

「路上喫煙はポイ捨てを増加させるので、路上喫煙はよくない。吸殻入れを持参する限り、そうではない」という論証をトゥールミン・モデルを使って説明しましょう。論拠と反証の空所を埋めましょう。

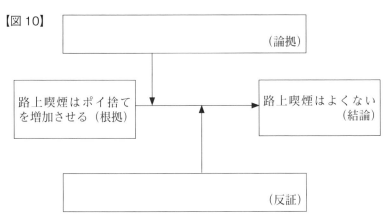

第 1 章　クリティカルシンキングとは

▶▶問題（14）
次のトゥールミン・モデルの空白部分を補いましょう。

ミシシッピ州で、10 歳の自分の娘が強姦された黒人の父親が、その被疑者である 2 人の白人を射殺した事件を扱った小説（映画化された）"A Time to Kill（評決の時）"です。その行為が殺人罪に該当するかどうかを、法廷で審理します。白人の弁護団は、あるグループから迫害を受けながらも、弁護人は、被告人がその時精神的に不安定であったことを証明しようとします（「弁護人」と「弁護士」、「被告人」と「被告」、「は」と「が」の違いを学ぼう）。精神科医の信憑性を覆す証拠が提出されない限り、この精神科医の証言による被告人の精神的不安定さが証明されるのです。しかしながら、被告人の証人として法廷で審理している精神科医（Dr. Bass）の証言の信憑性は崩れてしまいました。原告代理人（Buckley）から信憑性を覆す証拠が提出されたからです。原告代理人の議論をトゥールミン・モデルで表すと、下記の通りです。

【図 11】

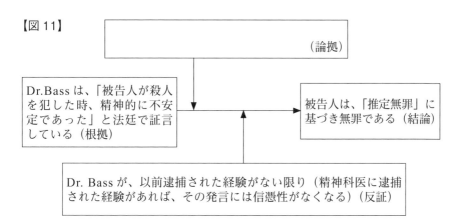

精神科医の法廷での「被告人は精神的な不安定の時に殺人を犯した」という証言は、被告人が「推定無罪」で無罪になるための必要条件であっても、十

分条件ではありません。何故なら、その精神科医が信頼される人物ということが証明されることが追加されて十分条件となるからです。「推定無罪」とは、「『疑わしきは罰せず』という原則に基づき、『合理的な疑い』を超える証拠がない限り、有罪とならず無罪となる」ことを言います。

▶▶問題（15）
　　トゥールミン・モデルの次の空白部分を埋めましょう。

　次に、"The Verdict（評決）" を取り上げます。これは、カトリック教会経営の大病院で依頼人の妹が間違った麻酔処理をされて植物人間になった事件を扱った法廷映画です。主人公の弁護士（Galvin）に、証言を依頼された Kaitlin という看護師は、麻酔の何時間前に食事をしたかを記入する欄に、「『1時間前』と書いたのに、法廷に提出された文書には『9時間前』となっていた」と証言しました。事件のあった当日、疲労のため手術を失敗し、受付記録を改ざんしたのでした。証人は、「1時間前」と証言したことに対して、病院側は、4年前のことは、ふつうはよく覚えていないのではないかと反論しています。証人は、これに反論するために、受付記録のコピーの存在を述べています。このコピーの存在は、証言の妥当性を実証するための必要条件であるが、十分条件ではないのです。何故なら、原本が裁判所に存在しないという条件で、コピーは法廷で証拠として採用されるからです。原本の存在が確認されてしまったのです。法廷での議論をトゥールミン・モデルで示すと次のようになります。

【図12】

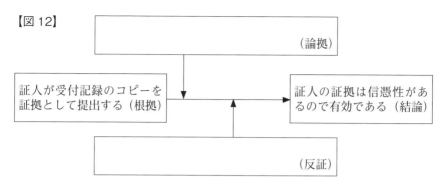

10.「議論」

　いくつかの主張が、さらなる主張（結論）を受け入れる理由として示される一連の主張を「議論」と言います。「日本は、英語を第二公用語にすべし」という主題の論証文における根拠を、「英語は、世界に影響を与えている国の公用語である」とした受講生がいました。即ち、「英語は、世界で影響を与えている国の公用語の1つなので、日本は英語を第二公用語にすべきである」と言ったのですが、この論証は正しいのでしょうか。この論証の正しさを検証するのに、「議論」を使います。以下の図のように、右の三角ロジックの論拠は妥当でないと指摘することによって、上記の論証は正しいとは言えないと指摘できます。右側の三角ロジックの論拠が正しくないからです。

　左側の三角モデルの結論が右側の三角モデルの根拠になっていることに注目しましょう。

【図13】

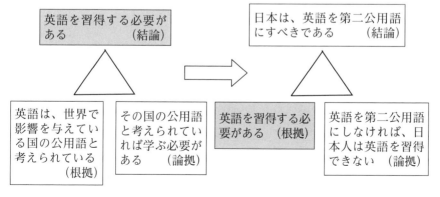

▶▶問題（16）

　ある総会で役員選挙がありました。参加人数は70名で、参加者全員が1票ずつの選挙権を有していました。この選挙で、ある被選挙権を有する人が35票獲得しました。選挙管理委員長は、「規定には、過半数の得票をした人が当選するとあるので、再選挙を行う」と表明しました。この表明に対して、ある参加者が、「35票得票した人がいるのだから、再選挙は必要ない」と発言しました。この参加者の発言は正しいか、これを「議論」を使って考えてみましょう。左側の結論部分と右側の根拠部分は同じ内容です。空所を埋めましょう。

【図14】

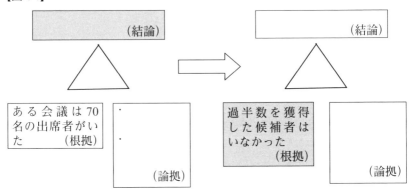

▶▶問題（17）

　前述した"A Time to Kill"（評決の時）の分析です。検察側は、「ある被告人が、自分の娘を強姦した2人の被疑者を射殺した殺人罪で有罪」を求刑しようとします。それに対して、弁護側は、「被告人の犯行当時は心身喪失状態（精神的には正常でなかった）として無罪」を主張しています。検察側の「議論」を使った主張を、弁護側はうまく反論しています。

図15が検察側で、図16が弁護側の論証です。

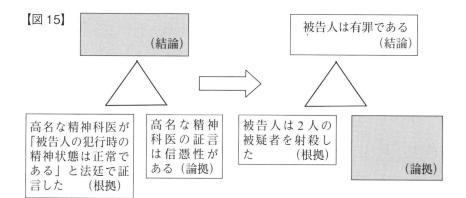

弁護側|は|、検察側の高名な精神科医|が|申し立てた証言には信憑性がないことを証明しようとしています（「は」と「が」の使い分けを学ぼう）。弁護側の論証の論拠部分にはどんな内容が入るでしょうか。

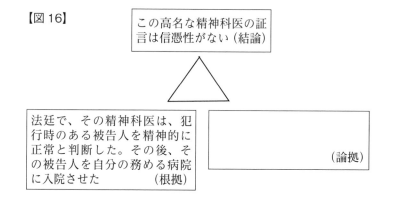

▶▶問題（18）

次の「議論」の右側の論証部分の空所を埋めましょう。

女性専用車両を導入すれば、導入前よりも一般車両への女性の乗車率が下がる（痴漢を誘発する環境をつくる）ので、痴漢対策にはならない。

【図17】

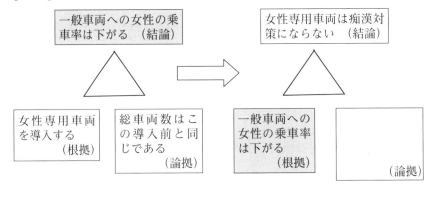

「議論」による論証文の分析

①子どもにとって、テレビはよくない。②否定的な要因をもっているからだ。③まず第一に、テレビのタレントは口が悪く、子どもはすぐに真似る。④第二に、長い間テレビを見ると、視力が悪くなる。⑤メガネを着用する子どもが増えている。⑥テレビを見る時は、離れたところから見て、部屋は明るくしておくべきだ。⑦第三に、テレビを見ることが習慣化すると、外で遊ばなくなる。⑧だから、テレビは子どもによくない。

何故、「テレビを見たあとで視力が悪くなった子どもがいるので、テレビを子どもに見せるのはよくない」と言いうるのかの説明を「議論」を使ってしましょう。次の二つの三角ロジックを見て下さい。左側の三角ロジックの論拠部分が正しくないので、この論証は正しいとは言えません。

第1章 クリティカルシンキングとは

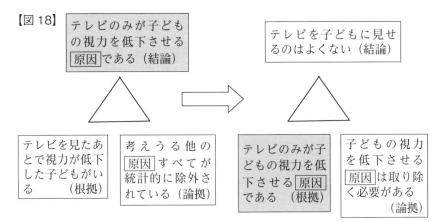

＊「原因」と「理由」の違いを学ぼう。

11．矛盾関係と反対関係

　著者は、2009年度前期の「クリティカルシンキング」の授業のあとで、学生にオープンエンド式のアンケートに回答するよう依頼しました。回収後、それに一通り目を通してから、研究室にたまたま訪れたこの授業を受講している学生2名に、「『この授業を評価できますか』という項目には、約60％の学生が評価してくれていた」と言いました。その後、著者 は 、この一言 が 誤解をうむもとになることに気がつきました（「は」と「が」の違いを学ぼう）。この言葉を聞いた学生は、「あと約40％の学生は、この授業を評価しなかった」と解釈するかもしれないと考えたのです。実際は、この項目には無記入が何名もいたので、「約40％が評価していない」という解釈は正しくないのです。「評価する」と「評価しない」は、「反対関係」であって「矛盾関係」ではないにも関わらず、「矛盾関係」と解釈されても仕方がないような表現をしたことは誤りなのです。

　では、この二つの関係とは何を指すのでしょうか。矛盾関係の例として、有罪と無罪が考えられます。有罪か無罪かのどちらかです。ともに真でありえない、すなわち、「ある人が有罪でもあり無罪でもある」ということは考えられないのです。さらに、ともに偽であり得ない、すなわち、「ある人が有罪でも無罪でもない」はあり得ないのです。一方、反対関係の例として、「成績が

上がる」と「成績が下がる」があります。「成績が上がっているし、下がってもいる」場合はあり得ないが、「成績が上がっていないし、下がってもいない、つまり同じ」は考えられます。ともに真はあり得ないが、ともに偽はあり得るのです。

> Q15 次のような日本文があるとすれば、訂正が必要です。どのように訂正すればよいでしょうか。
> 「弁護人は法廷の審理で被告人の無罪を証明できなかった」

無罪は証明する必要がありません。陪審の評議を描いた戯曲『12人の怒れる男』の第2号陪審員に第8号陪審員が反論し、第2号陪審員がその反論を受け入れる場面を引用します。評議では、無罪を証明する必要がないと論証しています。裁判員制度を採用している日本でも同じです。この第8号陪審員の発言を額田やえ子氏の訳で説明すれば、次のようになります。

第2号：（自信なく）えー、あのう……（長い間がある）ただ有罪だと思うんです。それは明らかだと思いました。
第8号：どのように明らかでした？
第2号：つまり無罪だって立証できなかったから。
第8号：（静かに）無罪を立証する必要はないのですよ。有罪が立証されるまでは、無罪なんですからね。あの少年は被告で、被告は何も証明しなくていいんです。発言しなくていいんですよ。これは憲法で保障されていることです。修正箇条第5条でね。ご存知と思いますが。

推定無罪の原則では、無罪の証明は不必要であることを次のように説明できます。この第8号の主張を、「根拠・論拠・結論」で書くと次のようになります。

根拠：憲法修正箇条第5条で、「無罪を立証する必要はない」と記載されている。

論拠：憲法修正箇条第 5 条は尊重されるべきである。
結論：無罪を証明する必要はない。

Q16 ある会議で、次のような議決の仕方をしました。この問題点は何でしょう。
「では、この提案に対する議決をしたいと思います。この提案に反対の人は挙手をして下さい。どなたもおられませんね。これで、この案は可決されました」

この議決の仕方は、「反対でない人はすべて賛成である」という「矛盾関係」を前提にしています。しかしながら、実際には、「賛成でもなく反対でもないという人（保留）」が存在する場合があります。

▶▶問題（19）
2009 年 8 月 31 日に、衆議院選挙と同時に行われた最高裁裁判官国民審査の投票の仕方は、連記された 9 名のうち、罷免を求める候補者の欄に×をつけるという方法です。この方法は適切な方法でしょうか。これを、「矛盾関係」と「反対関係」を使って説明しましょう。

「×をつけるか何もつけないか」という投票方法をとれば、「×でなれば○」、即ち、×をつけていなければ国民審査に「合格」したと解釈され得ます。「×」と「空白」は、矛盾関係にあると考えているからです。実際は、○でも×でもない、保留が存在するはずです。従って、「＿＿＿＿＿＿＿＿＿＿＿＿＿＿＿＿＿＿＿＿＿＿＿＿＿＿＿」とすれば、反対関係として正しく国民の判断を捉えることになります。

Q17 「嫌いでなければ好きである」という論証は正しいでしょうか。

「好き」と「嫌い」は、中間を許容しない対概念です。「好き」と「好きでない」は矛盾関係にありますが、「好き」と「嫌い」は、反対関係にあります。何故なら、「好きでも嫌いでもない」という領域が存在するからです。図示すると次のようになります。

【図19】

「敵でなければ、味方である」も正しくありません。何故なら、「中立」があり得るからです。「敵か味方か」という考えは矛盾関係に基づき、「敵か味方か中立」という考えは反対関係に基づいています。

Q18 「すべての学生はペンを持っている」の否定文は、「ペンを持っている学生もいれば、持っていない学生もいる」である。この論証は正しいでしょうか。

これは、学生の書いた記述文の一部です。「(a) すべての学生はペンを持っている」の否定文は、「(b) すべての学生はペンを持っていない」でもなく、「(c) ペンを持っている学生もいれば、持っていない学生もいる」でもないのです。下線部 (a) の否定文は、下線部 (b) と下線部 (c) を合わせたものです。従って、「ある学生はペンを持っていない」かまたは「ペンを持っていない学生もいる」のどちらかです。

【図20】

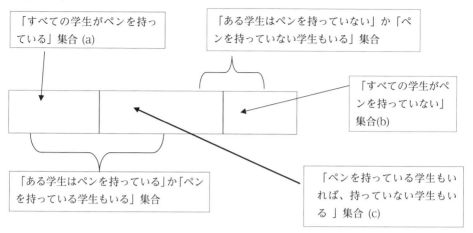

▶▶問題（20）
次の否定文を書いてみましょう。
(1) ある学生は、1万円未満しか持っていない。
(2) このクラスの学生は、みんな7月生まれだ。
(3) このクラスは全員、成績がよくない。

12. ド・モルガンの法則

ド・モルガンの法則とは、次のようになります。
(1) （AかつB）ではない。＝（Aでない）または（Bでない）
(2) （AまたはB）ではない。＝（Aでない）かつ（Bでない）
　　ただし、（AかつB）を連言文、（AまたはB）を選言文と言う。

Q19　JR東日本の武蔵小金井駅にあるプラットホームには、次のような案内がありました。「平日、当駅発 6:59-9:00 の東京行きの電車は女性専用車両となります」。では、これは何を示唆しているでしょうか。

これを、より具体的に説明するために、ド・モルガンの法則を使うと、示唆されている内容は、次のようになります。

「平日でなければ女性専用車両はない。または、上記以外の時間帯では女性専用車両はない」

「平日かつ当駅発 6：59-9：00 の東京行きの電車」という連言文を否定すると、「平日運行しない東京行き電車（表 2（あ）の部分）」または「6：59-9：00 以外発の東京行き電車（表 2（い）の部分）」となります。

【表 2】

	6：59-9：00 の東京行きの電車	6：59-9：00 以外の東京行きの電車
平日	女性専用車両	女性専用車両ではない（い）
平日以外	女性専用車両ではない（あ）	女性専用車両ではない（あ）（い）

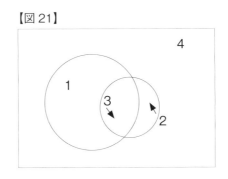

【図 21】

大きな円を A：平日東京行きの電車の集合
小さな円を B：6：59-9：00 発東京行きの電車の集合
　1：大きな円から小さな円に重なっている部分を除く電車の集合
　2：小さな円から大きな円に重なっている部分を除く電車の集合
　3：2 つの円ともに属している電車の集合
　4：2 つの円ともに属さない電車の集合

一般化すると次のようになります。
  ・大きな円Aの集合は、1と3であらわし、大きな円でない集合は、2と4であらわす。
  ・小さな円Bの集合は、2と3であらわし、小さな円でない集合は、1と4であらわす。
  故に、「AかつB」は3であり、その否定は1と2と4である。これは、「Aでないか又はBでない」と表現できる。「AまたはB」は、1と2と3であり、その否定は4である。これは、「Aでない、かつBでない」と表現できる。

> Q20 某大臣が、ある記者会見で、「若い人たちは、『結婚したい、子どもを2人以上もちたい』という極めて健全な状況にいる」と発言したという報道がありました。この発言は問題発言であるという指摘があります。何故、この発言が問題発言になるのでしょうか。

　この発言は、「結婚したい人、かつ2人以上の子どもをもちたい人が、極めて健全である」となり、「それ以外の人は極めて健全というわけではない」という意味を含みます。論理的には、ド・モルガンの法則により、「それ以外の人は極めて健全というわけではない」と言えます。では、「それ以外の人」とは誰をさすのでしょうか。「結婚したい人、かつ2人以上の子どもをほしい人」を否定することになります。ド・モルガンの法則により、連言の否定なので、否定の選言となります。図示すると下記のようになります。ですから、この発言は問題発言になり得るのです。たとえ、本人はその意図がなくとも、となります。

【表3】

	子どもを2人以上ほしい人	子どもはほしくない人 又は1人だけほしい人
結婚したい人	極めて健全	極めて健全というわけではない
結婚したくない人	極めて健全というわけではない	極めて健全というわけではない

▶▶問題（21）

「ぼくには、兄弟姉妹は1人もいない」

この日本文を英文に訳す時、ド・モルガンの法則を使って、次の英文の（　　　）の中には、"and"か"or"のどちらを入れて下さい。また、それは何故か、説明しましょう。

" I have no brothers (　　　) sisters."

▶▶問題（22）

父親がカナダ人（日本人ではない）で、子どもが日本人の時、母親の国籍はどうなるか。背理法とド・モルガンの法則を使って説明しましょう。空所を埋めましょう。

「母親が日本人でない」と仮定する。そうすれば、父親も母親も日本人ではないことになります。何故なら、国籍法第2条では、「父親か母親が日本人であれば、子どもは日本人である」と規定され、この規定の否定は、ド・モルガンの法則により「_____1_____」となります。実際は、子どもが日本人なので矛盾します。従って、最初の「_____2_____」を取り下げて、「母親は日本人」と結論づけられます。背理法です。表であらわすと、下記のようになります。

【表4】

	母親日本人	母親日本人以外
父親日本人	子どもは日本人国籍	子どもは日本人国籍
父親日本人以外	子どもは日本人国籍	子どもは外国人国籍

第 1 章　クリティカルシンキングとは

> Q21　次のケースは、有罪でしょうか、無罪でしょうか。
> 　ケース 1　「裁判員 5 名と裁判官 1 名が有罪、裁判員 1 名と裁判官 2 名が無罪」
> 　ケース 2　「裁判員 5 名が有罪、裁判員 1 名と裁判官 3 名が無罪」
> 　ケース 3　「裁判員全員 (6 名) が有罪、裁判官全員 (3 名) が無罪」
> 　ケース 4　「裁判員全員 (6 名) が無罪、裁判官全員 (3 名) が有罪」

　有罪と無罪が矛盾関係にあることは、裁判員制度の評決で重要な役割を果たします。

　2009 年 5 月 21 日から発足した裁判員制度では、職業裁判官 3 名と一般市民から選出された裁判員 6 名の 9 名で、被告人の有罪・無罪を決定します。ケース 1 は有罪です。ケース 2 もケース 3 も、有罪が過半数でもその中に裁判官が 1 名も入っていないから無罪です。ケース 4 も無罪です。有罪が過半数になっていないからです。

　ケース 4 を有罪と判断すれば、推定無罪の原則と裁判員法 67 条第 1 項を理解していないことになります。これを説明します。「推定無罪の原則と裁判員法 67 条 1 項を理解していないときのみ、このケースを有罪とする」と言うので、「この受講生はこのケースを有罪と解釈しているので、推定無罪の原則と裁判員法 67 条第 1 項を理解できていない」という命題が、条件文の双条件解釈（第 2 節 2. で詳述する）から生成されます。推定無罪とは、刑事訴訟法 336 条に記されている「被告事件が罪とならないとき、または被告事件について犯罪の証明がないときは、判決で無罪の言い渡しをしなければならない」という原則です（表 2 を参照）。そして、栽培員法 67 条 1 項は、「構成裁判官および裁判員の双方の意見を含む合議体の員数の過半数の意見による」とあるので、「少なくとも裁判官 1 名かつ合議体の過半数が有罪（無罪ではない）に賛成かどうかで判定できるのです。

　「この受講生が推定無罪の原則と裁判員法 67 条第 1 項を理解していない」と論証できるのは、ド・モルガンの法則、「(A かつ B) ではない = (A でない) または (B でない)」に基づきます。この法則を使えば、有罪判決（無罪判決でない）が過半数でない（「A でない」に相当する）だけで、または裁判官が

1名も有罪判決（無罪判決でない）を主張していない（「Bでない」に相当する）だけで無罪となります。このケースは、有罪判決が過半数でない（「Aでない」に相当する）ので、無罪であると論証できます。推定無罪の原則は、有罪の主張のみが証明されるべき対象になるのです。この原則を、クロス表で示すと次のようになります。

【表5】

推定無罪の原則と裁判員法67条1項

	少なくとも1名の裁判官が有罪に賛成している	有罪に賛成している裁判官は1名もいない
有罪判決が過半数である	有罪	無罪
有罪判決が過半数でない	無罪	無罪

第2節 論 証

1. アブダクション（仮説的推論）

アブダクションは、次のように説明されます。

1. Bということがわかっている。
2. AであればBであると言いうる。
3. 他にBであることを説明できるものはない。

従って、たぶんAは正しい。

なお、上記2の順命題（AであればB）を逆命題にしたものが、アブダクション・または仮説的推論と呼ばれ、BであればAとなります。一般的には逆命題は正しくありません。演繹推論・帰納推論・アブダクションンの違いを理解するために、次の例で考えてみましょう。

演繹推論： Aさんは日本人である（根拠）。
 日本人は勤勉である（論拠）。
 ゆえに、Aさんは勤勉である（結論）。

帰納推論： AさんもBさんも日本人である。
 AさんもBさんも勤勉である。

ゆえに、日本人は勤勉である。
仮説的推論：Aさんは勤勉である（事実命題）。
日本人は勤勉である（一般命題）。
ゆえに、Aさんは日本人である（生成された命題）。

　演繹推論の結論と根拠がアブダクションでは、それぞれ事実命題と生成される命題となります。なお、演繹推論では論拠と称されている前提は、アブダクションでは一般命題と言われています。このアブダクションの妥当性を検証する例として、次の論証を考えましょう。
　「Aさんは、心理学科所属という名刺を所持している」という事実命題と「心理学科所属の専任教員であれば、誰でも心理学科所属という名刺を所持している」という一般命題から、「Aさんは心理学科の専任教員である」という命題を生成することはできません。何故なら、著者のように、心理学科所属という名刺を所持しながら、心理学の専任教員でない教員も存在するからです。このように、アブダクションは、一般的には必ずしも妥当ではありません。

2．条件文の双条件解釈

　辻幸夫氏は、『ことばの認知科学辞典』で条件文の双条件解釈を、次のように定義しています。すなわち、「もしpならばqである」という条件文を「もしpならばそのときだけqである」という文と同義に解釈しているとみなすことが可能で、このことを条件文の双条件解釈といいます。その例を4つ挙げます。

　まず、第1例です。
　第1章の第1節の最初に掲載した、著者の家族と犬の写真を思い出して下さい。2人の娘が1匹ずつの犬を抱いています。そこで、著者は学生に「我が家は何匹の犬を飼っているでしょう」という質問をしました。普通の写真であれば、「我が家は2匹の犬を飼っている」が正しいのでしょうが、答は「1匹」です。知人の犬を1匹預かっているだけでした。この場合の事実命題・一般命題・生成される命題は次のようになります。
　事実命題：2人の娘が1匹ずつ犬を抱いている写真があり、「我が家は何

匹の犬を飼っているか」という質問が出されている。
　一般命題：答がすぐにわかるような質問はしない。
　　生成される命題：「我が家は2匹の犬を飼っている」という命題は誤りである。

「2匹の犬を2人の娘が抱いている写真があり、『2匹』という答が誤りである」ときのみ、「我が家は何匹の犬を飼っているでしょう」という質問を発すると言いうるからです。

　第2例です。
　米国の議会は、上院と下院から成り立っています。毎年、1月下旬に両院議員の集まる議会で、大統領が一般教書演説を行います。演壇には3人が並びます。<u>真ん中に演説をする大統領、当事者から見て右側に副大統領、左側に下院議長が着席しています（両院議員や一般国民から見れば逆になります）</u>。では、上院議長はどこにいるのでしょうか。この回答には、条件文の双条件解釈を用います。まず、この下線を施した箇所は、事実命題であることを指摘します。そして「当事者から見て右側が左側よりも職階が上である」が一般命題です。この2つの命題から、「副大統領が上院議長を兼ねる」という命題が生成されます。何故なら「副大統領が上院議長を兼ねる」ときのみ「副大統領が右で、下院議長が左に着席する」という事実命題を説明できるからです。そして「副大統領が上院議長を兼ねる」ことは、アメリカ合衆国憲法第1条第3節第4項（合衆国副大統領は、上院議長を務める。但し、可否同数のときを除いては表決に加わらない）で確認されます。

　第3例です。
　レトロニムを、双条件文の条件解釈で説明します。レトロニムとは、ある言葉の意味が時代とともに拡張された場合に、古い意味の範囲を特定的に表すために後から考案された言葉です。「携帯電話という表現が生まれた」という事実命題から「携帯電話ではない電話がもともと存在していた」という命題が生成されます。何故なら「携帯電話が生まれる前に、それとは別の電話が存在していたときのみ、携帯電話という表現が生まれた」という論証は正しいからです。もとの電話は「固定電話」と呼ばれています。衛星放送・新幹線・缶コー

ヒーまたはインスタントコーヒー・サマータイムという表現の誕生から、もともとの放送・路線・コーヒー・タイムの表示法を、それぞれ地上波放送・在来線・レギュラーコーヒー・標準時と呼ぶようになりました。

　第4例です。
　「彼女は女性だが、生徒会長としては優秀である」という発言をした先生がいたとします。この先生の発言は女性への差別発言と解釈しうるのです。「女性は生徒会長を務められないと考えているときのみ、今回の生徒会長は女性だが優秀である」と言えるからです。つまり、「女性にも関わらず、生徒会長として優秀」という発言は「女性は生徒会長を務めることはできない」という考えが前提になっていると言いうるのです。
　「女性議員」や「女医」という表現も、女性への差別表現と考えられます。これを条件文の双条件解釈で説明します。「『女性議員』や『女医』という表現が使用されている」が事実命題、「『女性』や『女』という言葉を冠して、特別というニュアンスを醸し出す」が一般命題で、「議員や医者は男だけの仕事であると考えている」が生成された命題となります。そこで、「議員や医者は男だけの仕事と考えているときのみ、『女性議員』や『女医』という表現を使う」という論証は正しいと考えられます。何故なら、「男性議員」や「男医」という表現は存在しないからです。そこで、これらの表現を使うことは、議員や医者は男の仕事と考えていることになるのです。この2つの表現のうち、「女医」は今でも、書き言葉でも話し言葉でも、使用されているようです。使っている本人は、女性差別の意識はなく慣用的に使用しているかもしれませんが、「女性医師」に改める方がよいのではないでしょうか。そのように考えるのは、「女医」に対する「男医」と違って、「男性医師」という表現は使われているからです。
　この「女性議員」や「女医」は、PC（Political Correctness＝政治的正しさ）の擁護派が批判する表現です。PCは、社会的少数者を守る表現を使うべきと主張しています。PCの立場から修正された日本語には「保育士」や「看護師」があり、英語には"chairperson," "businessperson," "fire fighter," "police officer"があります。ただ、PC擁護派の主張の中には、議論を呼んでいるものもあります。その一例は、"Merry Christmas"を"Happy Holidays"に変更すべ

きと言う主張でしょう。PC擁護派とされるイスラム教徒の信者からは、キリスト教徒のためだけの表現は避けるべきだという主張が存在するのです。様々な宗教の信者の多い米国や英国ならではの社会問題と言えるでしょう。

3. 仮説演繹法

　著者（神戸在住）は、エスカレーターを使用するとき、急いでいる人のために左側をあけます。つまり、立ち位置はエスカレーターの右です。しかしながら、このルールを横浜で当てはめようとするとうまくいきません。右側をあけ左側に立ちます。逆なのです。神戸のルールは、日本の全国どこでも通用するルールであるという無意識に形成された考えは正しくないことがわかりました。正しいと思い込んでいる考え（仮説）を適応させようとすると（どこでも通用すると考えると）矛盾が生じ、そのときその考え（仮説）を取り消すようになります。これは、仮説演繹法の一例です。

　仮説演繹法は次のように定義されています。
　　（1）ある仮説が真なら、その仮説から演繹された結果も真である。
　　（2）しかし、その仮説から演繹された結果は真でない（何故なら、その結果は観察や観測のデータと一致しないから）。
　　（3）従って、その仮説は真でない。

　仮説演繹法を利用した、次の例を考えて下さい。

> Q22 「父はやせています。食べないからです」という日本文を英文に直すには、"……because he doesn't eat too much."と日本文にない"too much"を挿入します。何故でしょうか。

　日本語は、読み手が必要な情報を補完して解釈する言語であり、英語も同じ種類の言語と考えると、"…… he doesn't eat."となり矛盾します。何故矛盾するかと言えば、食べなければ、やせるのではなく生存できないからです。従って、書き手が読者に必要な情報を与える言語である英語に訳す時は、"too muchʺを挿入しなければいけません。

> Q23 「僕の学校では、2時間目と3時間目の間に、裸でジョギングをする」という日本文を英文に直すには、"……we jog naked to the waist." と日本文にない "to the waist" を挿入します。何故でしょうか。

　日本語は、読み手が必要な情報を補完する言語であり、英語も同じ種類の言語と考えると、"……we jog naked" となり誤解を与えるかもしれません。何故なら、"we jog naked" は、何も身につけずにジョギングするという意味になり、そうすれば逮捕されるからです。従って、書き手が必要な情報を与える言語である英語に訳す時は、"to the waist（上半身）" を挿入しなければいけません。

> Q24 「H先生は英語の先生なので、文学部出身である」は正しい推論と言えないことを、仮説演繹法で分析しましょう。

　英語を教えているA先生もB先生も文学部出身であることを確認したとします。そこで、この2例から、「英語の先生は文学部の出身である」という仮説を導きます。これは帰納推論です。そこで、H先生もそうであろうと、この仮説を当てはめます。これは演繹推論です。しかしながら、H先生は文学部出身でありません。そこで、最初に考え仮説が誤りであったと結論づけます。C先生・D先生の例から、「英語の先生の資格取得は、文系の文学部以外の学部（例えば、経済学部や法学部等）に所属していても可能である」という仮説をたてます。そして、その仮説をあてはめて、「H先生は文系の文学部以外の学部出身である」と結論づけて、それが正しいことが確認できました。

> Q25 ある新聞は、下記の日本文のように報道しています。これに関連する英文記事を読めば、下記の日本文は必ずしも的確な報道でないことが説明できます。説明してみましょう。

「リチャードソン氏は、バイデン次期副大統領、ヒラリー・クリントン次期国務長官に続き米大統領選の民主党予備選をオバマ氏と争った人物としては3人目の政権入り」

Richardson's nomination brings to three the number of former campaign rivals Obama has welcomed to his team. Joe Biden is the vice president-elect, and Hillary Clinton will be the next secretary of state, pending confirmation by the Senate.

2008年12月5日の英字新聞（The Daily Yomiuri）の記事によれば、第44代アメリカ大統領として選出されたバラク・オバマ氏は、商務長官としてビル・リチャードソン氏を指名しました。氏は個人事情から指名を撤回してしまいましたが、氏の長官就任に、上院の承認が必要であった事情は、上記英文の下線部で「上院本会議での承認が必要」と書かれています。この日本の新聞記事は的確でないことを、対偶で説明しましょう。「この新聞が発売された12月4日に、ヒラリー・クリントン氏が次期国務長官として政権入りしている」という仮説が真とすれば、2008年12月4日までに、上院本会議でのクリントン氏の承認が終了していなければならないのです。しかしながら、クリントン氏が承認を受けたのは、2009年1月21日であり、真実と食い違います。従って、上記の日本の新聞記事である、「ヒラリー・クリントン氏は国務長官として政権入りしている」は偽となります。

第 2 章
『12 人の怒れる男』から学ぶ

　『12 人の怒れる男』は、米国で 1950 年代に放映された白黒映画です。自分の父親をとび出しナイフで殺害した容疑で逮捕された 19 歳の少年の有罪か無罪の評議を、12 人の市民が担当します。評決は、全会一致で決めなければなりません。最初は、12 名のうち 1 名だけが無罪（11 名が有罪）と主張しましたが、様々な議論を経て、最後には全員が無罪と判定します。この評議の内容は、クリティカルシンキングを学ぶ上にもよき教材となります。12 人の市民から選ばれた陪審員は、法廷での審理の場を経て、被告人が有罪か無罪かを決定します。この映画のいくつかの場面を取り上げてみましょう。

場面 1（矛盾関係と反対関係）
　第 3 号：（立ち上がって第 8 号に）あいつが無罪だと本気で信じているのか？
　第 8 号：（静かに）わかりません。

　まず、12 人の予備投票を行い、全会一致であれば、そこで評議は終結します。陪審員長は、1 人の陪審員の提案を受けて、予備投票をすることに決定します。有罪は 11 名、無罪が 1 名でした。第 8 号陪審員が言った「わかりません」という「無罪」は、「有罪と確信がもてない」という意味です。つまり、「有罪と無罪は矛盾関係である」ことを示唆しています。「有罪でない」は、日本語では無罪であり、この映画の英語版では、"innocent" ではなく、"not guilty" です。
　有罪判決をうけたかどうか、実際に犯罪を犯したかどうかという 2 つの視点から、①～④の 4 種類に分類できます。

【図22】

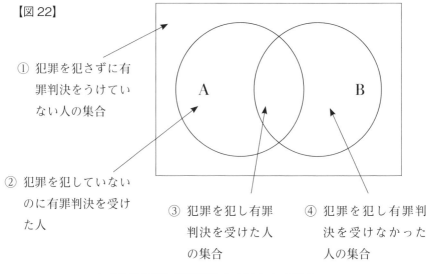

① 犯罪を犯さずに有罪判決をうけていない人の集合
② 犯罪を犯していないのに有罪判決を受けた人
③ 犯罪を犯し有罪判決を受けた人の集合
④ 犯罪を犯し有罪判決を受けなかった人の集合

A（左側の円）有罪判決をうけた人の集合
B（右側の円）犯罪を犯した人の集合

重なり合っている2つの円の例をもう1つ紹介します。

> Q26 次の文は、必ずしも的確ではありません。どの表現を訂正すべきでしょうか。
> 「私は、東京駅で外国人に話しかけられた」

この文脈で「外国人」という言葉は適切でしょうか。「外国人」とは、「日本国籍を持たない人」の意味です。日本国籍法第2条によれば、片親が日本人であれば、日本国籍を取得できます。つまり、片親が日本人でなくても、もう一方の親が日本人であれば、その子は日本人となります。「片親が日本人でない」ということは、「肌の色が一般的な日本人と異なる（例えば、黒人と日本人との結婚の場合）子どもが日本国籍をもつ（日本人である）こともありうる」ということになります。「外国人」と称される人は、①肌の色は一般的な日本人と異なっていても日本人国籍をもつ人、②肌の色が日本人と異なっていて、日本人国籍をもたない人、③肌の色は同じでも日本国籍を持たない人（在日韓国

人・朝鮮人）の3種類に分かれます。①の場合、見た目には日本人ではないが日本国籍をもつ者なので、「外国人のような」とでも言わなければ、的確ではないと言えます。

【図23】　　　　　　左の円Aは外国人の集合、右の円Bは外人の集合

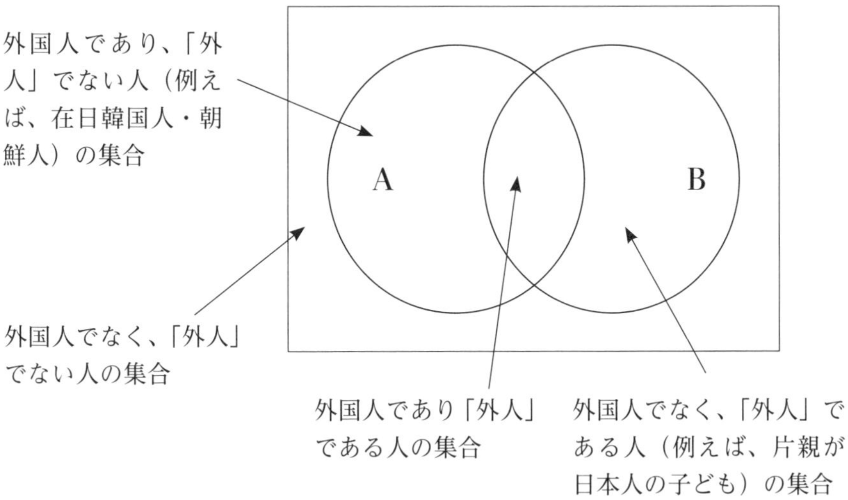

外国人であり、「外人」でない人（例えば、在日韓国人・朝鮮人）の集合

外国人でなく、「外人」でない人の集合

外国人であり「外人」である人の集合

外国人でなく、「外人」である人（例えば、片親が日本人の子ども）の集合

「12人の怒れる男」に戻ります。
場面2（アブダクションとトゥールミン・モデル）
　第4号：　……この少年は……いうなれば不潔な環境と崩壊した家庭の産物だ。これはわれわれでは何ともなし難い問題だ。われわれは、貧しい環境、貧しい家庭が何故に犯罪者を生み出すかという理由を解明するために集まっているのではない。……劣悪な環境で育っている少年たちは社会全体にとって危険な存在なのだ。

　予備投票の時、第8陪審員だけが、"not guilty"であったため、第8陪審員を説得しようと、他の陪審員たちが1人ずつ考えを述べたところで、第8陪審員が、「自分を除いて、もう一度投票をしてほしい。11人全員が、"guilty"であれば自分もその決定に従う」と提案しました。この提案に基づき、無記名投票を行ったところ、1名だけ"not guilty"でした。この1票に怒った第3陪

審員が、第5陪審員に、「おまえが"not guilty"に変更したのであろう」と詰問している場面があります。第3陪審員は、「第5陪審員は、自分がスラム出身（劣悪な環境で育った）であることを打ち明けねばならなくなり、被告人に同情し、無罪に変更した」と考えたのです。第3陪審員のこの推論はアブダクション（仮説的推論）です。第3陪審員の推論をあてはめると、次のようになります。

　Bということは分かっている。AであればBであると言いうる。他にBであることを説明できるものはない。従って、たぶんAは正しい。但し、この場面では、AとBは、次のような内容を指します。

　　B：　11人の陪審員のうち1人だけが「無罪」に心変わりした。
　　A：　第5陪審員 は 自分 が スラム出身であることを打ち明けねばならなくなり、被告人に同情した（ は と が の違いを学ぼう）。

　第4陪審員は、被告人が危険人物と考えましたが、この考えに対する反論は、次のトゥールミン・モデルで表されています。

▶▶問題（23）

トゥールミン・モデルの空所を埋めましょう。

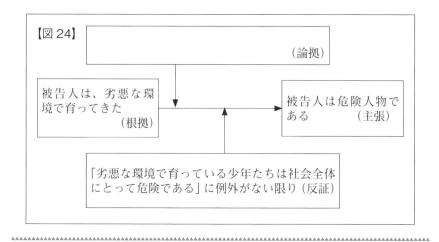

場面3（トゥールミン・モデル）

第4号： ……それから彼はある店へ行き、とび出しナイフを買った。店の責任者はその翌日、ナイフを少年に売ったことを認め、その結果、警察に拘留されている。……

第4号： 店の責任者はナイフを覚えており、店にはこの種のものはあれ1本しかなかったと申し立てた。……

第3号： ……そりゃ同じようなナイフが10本あったかもしれん、それが一体何だというんだ？

第8号： 別のナイフだったかも知れないという可能性です。

別のナイフの存在によって、第8号 は 、被告人 が 犯人であることに「合理的な疑い」を示しています（ は と が の違いを学ぼう）。

▶▶問題（24）

トゥールミン・モデルの空所を埋めましょう。

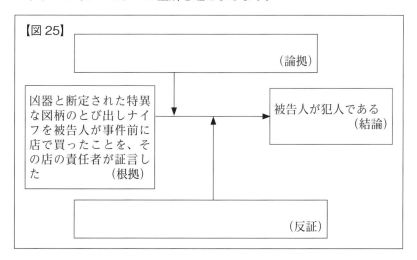

【図25】

場面4（矛盾関係と反対関係）

陪審員長：　有罪。有罪。有罪。……無罪。

第7号：　（激怒して立ち上がる）誰が変えたんだ？　おれたちにゃ知る権利があるぞ！

第3号：　（短い間の後）誰がやった？どの馬鹿が心変わりしやがったんだ？

第7号：　……（第5号に）何故に心変わりしたんだ？

第5号：　投票を変えたのはぼくだとどうして思うんです？

第7号：　わかってんだよ。わけを言ってみろよ。

第9号：　（静かに）この人を責めても無駄ですよ。変えたのはこの人じゃありません。わたしなんです。何故変えたかお話ししましょうか。

第9号：　（第8号に指して）この方はわたしたちに対して、たった1人で反対の立場をとられました。……でも、何かについてどんなに固い信念を持っている時でも、たった1人でそれを主張するというのは、たいへんな勇気がいるものです。……わたしはこの方の動機を尊重します。あの子はたぶん有罪なんでしょうが、でもわたしたちはもっと議論をつくすべきです。……

　この第9号は、「有罪と思ったけれど、もっと議論をつくすべき」という理由で「無罪」に投票しました。1人で無罪を主張する第8号の信念に心動かされたのです。この無罪投票も、罪を犯した事実はないという確証に基づいていません。「無罪とは有罪を証明できないこと」という矛盾関係を示している例と言えます。

場面5（「議論」）

第8号：　フル・スピードの電車がある地点を通過するのに何秒かかるでしょう？

第5号：　10秒か12秒位……

第2号：　（考え深気に）そう、10秒程度ね。

第8号：　老人が「殺してやる」とわめくのを聞いた、そして1秒後に倒

れる音を聞いた。(短い間) 1秒です。老人は1秒後と証言したのです。そうでしたね。

第8号： 線路の向こうの部屋にいた女性は、通りすぎる電車の後尾の2両の窓越しに、父親が倒れるのを目撃した。そうでしたね。

第2号： そうです。

第8号： 電車はある地点を通過するのに10秒かかる、あるいは1両につき2秒です。

【図26】

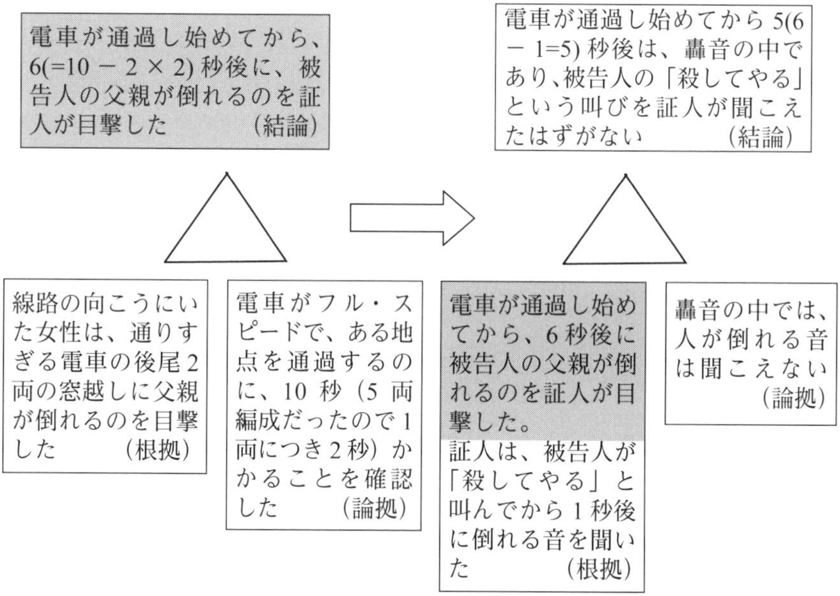

| 電車が通過し始めてから、6(=10-2×2)秒後に、被告人の父親が倒れるのを証人が目撃した　　　（結論） | 電車が通過し始めてから5(6-1=5)秒後は、轟音の中であり、被告人の「殺してやる」という叫びを証人が聞こえたはずがない　　（結論） |

| 線路の向こうにいた女性は、通りすぎる電車の後尾2両の窓越しに父親が倒れるのを目撃した　（根拠） | 電車がフル・スピードで、ある地点を通過するのに、10秒（5両編成だったので1両につき2秒）かかることを確認した　（論拠） | 電車が通過し始めてから、6秒後に被告人の父親が倒れるのを証人が目撃した。証人は、被告人が「殺してやる」と叫んでから1秒後に倒れる音を聞いた　（根拠） | 轟音の中では、人が倒れる音は聞こえない　（論拠） |

「左側の三角ロジックの結論が、右側の三角ロジックの根拠の一部になっている」点に注意しましょう。被告人が「殺してやる」と言った言葉を証人が聞いたはずがないことを論証しています。

場面6（背理法）

第11号： ……わたしの質問はもし、本当に父親を殺したのであったら、何故3時間後に帰ってきたのかと言う点なのです。……ナイフ

　　　　　から身許がわかることに気づいていたのなら、何故、最初に残したまま出たのでしょう？

第4号：　父親を殺した後、パニックにおそわれて外へ走り出したと仮定できる。落ちついてからやっとナイフを残したことに気づいたのでしょう。

第11号：　それはパニックという言葉の定義によりますね。ナイフの指紋を消すだけの心の余裕はあったに違いありません。では、どこでそのパニックが起こり、どこで収まったでしょう？

▶▶問題（25）
　第11号の論証を背理法で、被告人が犯人でないことを論証しましょう。

① 「犯行時にはパニックにおそわれ逃亡した」と仮定すると、ナイフの指紋はふき取られていなかったことになる。
② ＿＿＿＿＿＿＿＿＿＿＿＿＿＿＿＿＿＿＿＿＿＿＿＿＿＿＿＿＿
③ ＿＿＿＿＿＿＿＿＿＿＿＿＿＿＿＿＿＿＿＿＿＿＿＿＿＿＿＿＿
④ 従って、最初の仮定である「パニックにおそわれ逃亡した」を取り下げて、「パニックにおそわれて逃亡しなかった」と結論づける。

場面7（背理法）

第2号：　……あの子の背は5フィート8インチ、父親は6フィート2インチ。つまり、6インチ（約15センチ）も背丈が違うんです。……

第5号：　……ぼくの育ったあたりはとび出しナイフは生活必需品でした。……とび出しナイフを使い慣れた連中は、絶対、ふり上げてから突き下すなんてしないんです。とび出しナイフの使い方はそうじゃないんだ。こう低くかまえるんです。

第8号：　それだと父親に残っていた傷はつけられないわけだ。

第5号：　つけられないとは言い切れないけど、でもあの子がとび出しナイフを使いつけてたんなら、まずあり得ないと思うな。それに

事実、ナイフには玄人だったんでしよう。

▶▶問題（26）

背理法を使って、「被告人がとび出しナイフで刺したのではない」ことを論証しましょう。

① 被告人が父親を殺害したと仮定する。
② _____
　_____
　_____
③ 実際の「傷は上から下」という事実と矛盾する。
④ 従って、最初の仮定を取り下げて、被告人は犯人ではないと結論づける。

場面8（「議論」）
第9号： 眼鏡のために鼻の両側に深いあとがついていますね。前には気づかなかったが、気になるものでしょうね。
第4号： 非常になりますな。
第9号： ちっとも知らなかった。眼鏡をかけた事がないのでね。
第7号： おい、今度は眼のご自慢かい。
第9号： 凶行を目撃した婦人にも、鼻に同じような跡がありました。

Q27 トゥールミン・モデルの空所を埋めましょう。

証人の「被告人の犯行を目撃した」という証言は信憑性のないことを、「議論」と条件文の双条件解釈を使って論証しましょう。

【図27】の左側の論証は、演繹推論ではなく、条件文の双条件解釈を使っています。

【図27】

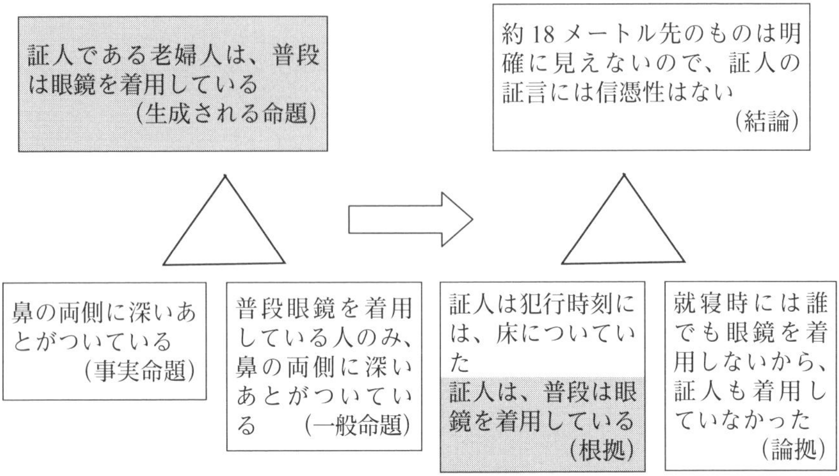

| 証人である老婦人は、普段は眼鏡を着用している
（生成される命題） | | 約18メートル先のものは明確に見えないので、証人の証言には信憑性はない
（結論） |

| 鼻の両側に深いあとがついている
（事実命題） | 普段眼鏡を着用している人のみ、鼻の両側に深いあとがついている　（一般命題） | 証人は犯行時刻には、床についていた
証人は、普段は眼鏡を着用している
（根拠） | 就寝時には誰でも眼鏡を着用しないから、証人も着用していなかった
（論拠） |

場面9　背理法

　評議の第1回投票で、第8号だけが「無罪」に挙手をし、全会一致でなければ評決出来ないので、被告人が有罪か無罪かの意見をそれぞれの陪審員が述べることになります。そして、第8号が第2回の投票を提案しています。その投票の動議（＝あることがらを議題として採りあげてもらうためにするフロアーからの提言）に陪審員長が賛成して、つまり、「セカンド」して、それを議論しています。「セカンド」とは、ロバート議事法における賛成支持のことです。動議はセカンドされて初めて採り上げられます。「動議は少なくとも、討議参加者の2名が賛同していなければいけない」という仮説を支持しています。次の陪審員長の発言は、セカンドにあたります。何故なら、その内容に賛成か反対かを述べているのではなく、提案そのものが討議するに値すると述べているからです。第8号陪審員からの動議を、陪審員長がセカンドし、それから動議内容を議論しているのです。

第8号：　投票をお願いします。11名の方が無記名で投票して下さい。それでまだ「有罪」が11票あったら、わたしはもう1人で反対しません。「有罪」の判決を提出しましょう。

第 7 号：　いいね。それいこう。
陪審員長：よい提案だと思いますが、皆さん賛成ですか？
第 4 号：　けっこうですな。
第 12 号：投票しよう。
第 11 号：（ゆっくりと）おそらく、最善の方法でしょう。

　セカンドを採ることが了承されたある総会（約 75 名くらい出席）で、著者が動議を出したあとで、その総会の開催責任を負っている執行部は「セカンドには、出席議員の過半数の賛成が必要」と主張したのです。上記の引用から、その必要がないことがわかりますが、「セカンドは 1 名で十分」であることを背理法で説明します。

　「セカンドは出席者の過半数の賛成が必要」と仮説形成します。この過半数の賛成は非常にむずかしいのです。急に取り上げられた議題ですから、出席者には、そのセカンドの内容を十分理解していない人が多いのがふつうだからです。従って、過半数の賛成が必要であれば、ほとんどの場合セカンドは否決されます。そうであれば、わざわざ、セカンドを必要としなくてもよいという矛盾に陥ります。それで、最初の仮定を取り消して、セカンドは 1 名でよいとなります。

第3章
日本語論証文を分析する

1. 日本語論証文作成に用いる立論と異論と反論

　野矢氏の『論理トレーニング』によれば、立論とは、あることを主張し、それに対して論証を与えることであり、異論とは、相手の主張と対立するような主張をすることであり、反論とは、相手の主張の論理的でない点を指摘することです。異論と反論の違いの例として、次のようなことが考えられます。「死刑は抑止力になるから、存続させるべきである」という立論に対して、「いかに極悪な人間でも人権は守られるべきである。従って、死刑は廃止すべし」と言えば、反論をしていることにならないのです。異論を述べているにすぎません。「死刑は抑止力になる」という根拠が妥当でないことを示して、死刑を廃止すべきであると主張しなければなりません。「死刑になりたいために、無差別に人殺しをする人がいる。この事実自体が、死刑は犯罪抑止力になっていないことを示している」と反論できます。また、「死刑は廃止し、絶対的終身刑を導入すべきである。何故なら、いかなる人間の人権も守られるべきであるからだ」という主張に対しては、「死刑を廃止し、絶対的終身刑を導入すれば、自由権がなく生存権のみが認められ、死刑よりも残酷な刑となりうる」と反論できるでしょう。

　論証文作成に、立論・異論・反論を使います。この3つは、ディベートでも用いるので、まず、ディベートを簡単に説明しますが、本書で、ディベートを紹介するのは、論証文作成という視点からです。従って、ディベートの実践には言及しません。
　ディベートとは、あるテーマについて、自分の意見に関係なく、肯定側・否定側に分かれ（賛成・反対に分かれるのではありません）、第三者を説得する

ゲームのようなものです。

　論題は、現状を否定するように設定されるので、例えば、「日本の死刑制度」をテーマにとりあげるのであれば、日本には死刑制度が存在しているので、「日本は死刑制度を廃止すべし」となります。死刑制度廃止が肯定側になり、死刑制度存置が否定側になります。

　ディベートを通して養われるスキルは、①自分の立場を論証する（立論）スキル、②反対の立場を論証する（異論）スキル、③異論の論理的でないところを指摘する（反論）スキル、④「立論に対する反論」の論理的でないところを指摘する（反論）スキルです。

　では、ディベートで養われるスキルは、どのようなときに生かされるのでしょうか。次の例で考えてみましょう。「2006年10月28日に、神戸線・宝塚線・能勢電鉄線でダイヤ改正をする」と、阪急電鉄は発表しました。この発表から、いくつかのことが学べます。第一に、阪急電鉄には、上記車線以外に、例えば、京都線があります。その線の改正は行わないことを背理法で論証できます。第二に、何故、ダイヤ改正をするのかを考えてみます。その理由の1つとして、神戸線の夙川駅（西宮北口駅の1つ西に位置する駅）に特急電車を新たに停車させることが考えられます。それは、並行して走行しているJRに、新しい駅（さくら夙川）が2007年春に出来るからと、アブダクションに基づいて論証（立論）できます。第三に、特急電車を新しく、1つの駅に停車させることによるデメリット（異論）を予測し、それに対応しておく（異論に対する反論）必要があります。利便性が高まるので、夙川駅付近に住んでいる人々からは歓迎されるでしょうが、阪急電鉄の他の車線への乗り継ぎ（例えば、神戸線から京都線）が不便になるいという苦情（異論）が考えられます。新しい駅に停車させることによって、降車地までへの所要時間の増加により、それまで乗車できていた乗り継ぎの電車に乗車できなくなることが予想されましたが、対応策を講じていました。何か新しいことを企画したときの、メリット（立論）とデメリット（異論）を分析し、デメリットを解消させる、またはそれを軽減させる必要のあることを阪急電鉄は知っていたことになります。では、どのように、このデメリットを解消したのでしょうか。それは、鉄道摘記録2006年10月によれば、神戸三宮と大阪梅田間の運転時間を短縮させるこ

とによってでした。この短縮は、速度向上とATS改良で可能となったようです。特急と通勤特急を新しく1つの駅に停車させる1つのデメリットとして、他線への今まで通りの乗り継ぎができないことがあげられます。この予想される「異論」に対して、運転時間の短縮という「反論」を準備していたのです。阪急電鉄のダイヤ改正について、デメリットを予測し、その対応をすることは、ディベートを学んでいればできるのです。

　立論に対する反論を説明します。リンク・ターンがその一例になります。リンク・ターンは、同じ根拠から、全く逆の結論へ導くものです。リンク・ターンの2例を紹介します。まず第1例です。「女性専用車両を廃止すべし」という主題文で、痴漢防止のためにこの車両が必要と主張すれば、その反論は、痴漢防止のためにこそ、この車両は不必要と主張します。すなわち、「この車両を導入することによって、女性車両導入以前に較べると、一般車両では女性1人に対する男性の乗車率が高くなるから、痴漢の可能性が高くなる環境をつくりだす」と反論できるのです。

　第2例です。「2007年は、社会的には悪い年であった」という言明は、食品偽装という社会的に大きな影響を与えた事件が発覚したという事実から、「内部告発で事件が発覚したので、社会的にはよき兆しの始まり」とも解釈されるのです。2007年は、船場吉兆のような偽装がよく起こった年でした。福岡市中央保健所に消費期限のラベルの張替えをしているという匿名の電話から事件が発覚し、また2006年1月から2007年9月まで、船場吉兆は消費期限切れと賞味期限切れの商品を販売していたと報道されました。内部告発がなければ、偽装は継続されていたのではないかと考えれば、2007年は、社会的には必ずしも悪い年でなかったという反論も成り立ちます。2つの三角ロジックを使って説明すると、以下のようになります。

【図28】

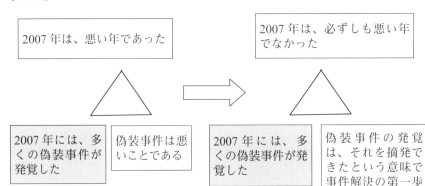

　次に、「立論・異論・反論」を使った論証文（主題は、「定期テストの廃止」と「大相撲の儀式における女人禁制」）を紹介しましょう。ボックス内に書かれている①立論、②立論に対する反論、③「立論に対する反論」に対する反論、④異論、⑤異論に対する反論に注意しましょう。なお、第一例は、受講者のかいた論証文を著者が一部修正したもので、第二例は著者が書いたものです。

　Q28　第1例　「定期テストの廃止」
　　①定期テストの廃止に反対である。②その理由として三点あげられる。③一点目は定期テストが復習のきっかけ作りをしている点（立論）である。④定期テストを廃止してしまうと授業で受けたまま復習をしない学生が増えることが予想される。⑤これでは知識が身につかずその場だけのものになってしまい、学力の低下をまねくと考えられる。⑥定期テストはこれを防ぎ、復習するきっかけを作っていると考えるからである。
　　⑦二点目は、定期テストが学生の理解度を把握するのに役立っている点（立論）である。⑧定期テストがあることにより、学生が復習するためだけでなく、教師が学生の理解度を把握し今後の授業に役立てることができると考えられるからである。⑨定期テストがあることにより教師がより学生を理解し、適したレベルの教育をすることができると考えられるからである。……

⑩定期テストの廃止に賛成の意見として、定期テストは学力競争の激化につながる（異論）という指摘がある。⑪しかし、定期テストが学力競争の激化につながるとは思わない。⑫学力競争の激化の 原因 は受験であると考える（ 異論 に対する 反論 ）からである（「原因」と「理由」の違い、「異論」と「反論」の違いを学ぼう）。⑬だから学力競争の激化を解消したいのであれば受験をやめればよく、定期テストを廃止しても受験があるので学力競争の激化を解消することはできないと考えられる。⑭以上のことにより、定期テストの廃止は反対である。

［著者の分析］
　第一パラグラフと第二パラグラフには立論が、第三パラグラフには、異論と異論に対する反論が記されています。第7文の意味が曖昧です。「学生の理解度を把握する」の主語は、「定期テスト」ではないのは自明です。では、この主語は、「学生」なのでしょうか、「教師」なのでしょうか。第8文の主語が「教師」であるので、第7文の主語も「教師」と推測できます。そうすれば、第7文は、「第二に、定期テスト は 、教師 が 学生の理解度を把握するのに役立つ」と修正する方が読者によく理解してもらえます（「は」と「が」の違いを学ぼう）。何故なら、「が」は、直上の名詞と下にくる名詞をくっつけてひとかたまりになると考えられているからです。「が」の主語である「教師」は、「学生の理解度を把握する」と結びつけられ、「は」の主語である「定期テスト」は、「役立つ」と結びつけられています。

Q29　第2例　「大相撲の儀式における女人禁制」
　①大相撲は、競技ではなく儀式での女人禁制を撤廃すべきである。②二つの理由を指摘する。③第一の理由は、大相撲の女人禁制は女性差別という点、第二の理由は、時代の要請に応える点である。
　④まず、第一の理由である。⑤何故、大相撲の儀式における女人禁制は女性差別になるのか。⑥大相撲は、神道の「女性は不浄である」という思想に基づいているからである。⑦この考えは「男性は不浄でな

い」ことを推論させ、女性差別と解釈し得る（立論）ことになる。⑧何故なら、日本語の「は」は対比させる機能があるからである。

⑨第二の理由は、時代の変化に応じて、慣習も変化させる必要がある（立論）という点である（「習慣」と「慣習」の違いを学ぼう）。⑩最近では、従来、男性のみ・女性のみと考えられていた職場に、それぞれ女性や男性が進出している。⑪列車の車掌や幼稚園・保育園の教師がその例である。⑫但し、時代に応じて変化していない例（例えば、女性のイスラム教徒は、男性には不必要なベール着用が外出時に義務づけられていることや男性とは異なる場所で祈りを捧げていること）もある（立論に対する反論）が、こうした慣習の存在がその慣習の正しさを証明しているわけではない（「立論に対する反論」に対する反論）と言える。

⑬著者に対する反対意見として、伝統を守るため、大相撲の女人禁制は解くべきではない（異論）という主張がある。⑭この異論に対して、儀式における女人禁制を解いても、大相撲の競技に関すること（例えば、取り組み前の塩撒き等）を撤廃するわけではない（異論に対する反論）ので、伝統を無視していることにはならない。⑮従って、伝統の維持と女性差別撤廃は、全く相反する立場ではない。

⑯結論として、大相撲の儀式における女人禁制撤廃は、伝統を維持しながらでも実施できると言いうる。

［著者の分析］

大相撲の儀式における土俵の女人禁制存続派は、「女性差別を認めても、必ずしも女人禁制を廃止すべきという主張にならない」即ち、「女性差別であっても、その差別撤廃よりも伝統維持を優先させなければならない」と主張できるのです。これに対して、この女人禁制廃止派は、「女性差別撤廃と伝統維持の二者択一をする必要がない。即ち、儀式における女人禁制を撤廃しても、取り組み前の塩まきの清め等によって伝統は維持できる」と反論できるのです。同じ根拠から違う結論を導いているので、リンク・ターンの例と言えます。2つの三角ロジックで表すと次のようになります。

【図29】

2. 日本語論証文作成に用いるパラグラフ概念

　下記に掲載する日本語の論証文は、「クリティカルシンキング」の授業で課題に基づいて書かれたものです。次の主題で書いてもらいましたが、最初の2つに関しては著者の提供したデータだけで、3つ目の主題に関しては、根拠のもとになるデータを自分で選択し、それを使って書くように指示しました。

　　(1) 女性専用車両の継続に賛成か反対か。
　　(2) 東京都千代田区の禁煙条例に賛成か反対か。
　　(3) 日本の死刑制度を存続すべきか、廃止すべきか。但し、絶対的終身刑の導入にも言及すること。

　論証文の書き方を次に説明します。福澤氏は、パラグラフを次のように定義しています
　パラグラフとは、互いに関連のある複数の文章が論理的に集まり、ひとつの主張、結論にいたるために展開する論文構成の基本単位である。
　さらに、次のような規則があるとしています。
　　(1) ひとつのパラグラフにはひとつの主張しか書いてはいけない。
　　(2) 主張はパラグラフの先頭に、トピック・センテンスとして書く。
　　(3) トピック・センテンスとして書かれた主張のあとにその主張を支える

根拠を書く。
　（4）この根拠として、トピック・センテンスに関連するもののみ書く。
　（5）パラグラフの最後には、トピック・センテンスの内容を再度書く。

　上村・大井氏は、『英語論文・レポートの書き方』のなかで、トピック・センテンスと主題文を次のように説明しています。

> トピック・センテンスは、それぞれのパラグラフにおいて、そのパラグラフの話題が何であるかを打ち出している文である。あるエッセイで、1番述べたい点は主題文（thesis statement）で打ち出す。序論の目的とは、読者にこのエッセイが何について書かれたものであるかの指針を与えるものである。主題文は、序論の最後部に置かれるのが一般的である。

　なお、上村・大井氏によれば、エッセイは、日常的に使われる感想文ではなく、「特定のテーマについて、自分が思索した内容を、分析的・客観的・論理的に説明しなければならない」と定義されている。

3. 日本語論証文の検証

　では、次に学生の書いた論証文を検証していきましょう。論証文の下に著者の分析を掲載します。次に掲載するいくつかの論証文は、すべて1つのパラグラフから構成されているので、そのパラグラフの中で1番重要と考えられる文という意味で、トピック・センテンスという言葉を使用しています。

(1)　東京都千代田区の禁煙条例に賛成か反対か

Q30
　①私は東京都千代田区の罰則つきの路上禁煙条例に賛成である。②まず、たばこは全くいいものではない。③吸っても病気になるだけのものである。④それをいろんな人がたくさんいる路上で吸うことはおかしいと思う。⑤たばこの臭いが嫌いな人もたくさんいるし、たばこを吸ってない人がその臭いを吸ってしまうと副流煙で体に影響を及ぼしてしまう。⑥それなのに、平気で歩きたばこなどしている人がいるのでやめてほし

いと思います。⑦吸っていい場所と悪い場所、吸っていい時、吸ったらダメなときがあるのでそこはちゃんとけじめというのをつければよいです。⑧東京都の千代田区に限らず、全国でこの条例を制定してほしいです。⑨路上でたばこを吸うというのは非喫煙者からすれば悪い影響を及ぼすということを喫煙者に少しでも分かってもらいたいと思います。

(1) 第1文がトピック・センテンスで、最初に述べているのはよいが、第2文から第6文までは、路上禁煙に対する反対意見である。路上禁煙を容認しない人すべてが千代田区のこの条例には賛成していないので、第1文と第2〜第6文が必ずしも論理的に繋がっていない。何故なら、最後の文の主張（路上喫煙反対）とトピック・センテンス（千代田区の禁煙条例に賛成）の主張が異なっているからである。

(2)「です・ます」体と「だ」体が混在している。「だ」体に統一させるべきである。「私は」、「思う」、「ほしいです」、「思います」は不必要である。「いいもの」、「いろんな」、「それなのに」、「ちゃんと」という話し言葉は避けるべきである。論証文は感想文とは異なる。

(3) 第8文は削除されるべきである。「千代田区で禁煙条例を施行すれば、周辺の地区の環境が悪くなる」というこの条例に対する反対意見に対する反論として書かれた文であろうが、議論は「千代田区の禁煙条例」に限定すべきである。

(4) 第2文に、「まず」があれば、「第二に」というつなぎの言葉が必要であり、理由が1つだけであれば、「まず」という表現は不必要である。

(5) 第7文は、「けじめをつければ吸ってよい」と解釈できるので、この条例に反対の根拠とも受け取られ、トピック・センテンスの主張と異なる。

Q31

①千代田区の禁煙条例に賛成である。②何故なら、タバコは受動喫煙のもととなり、非喫煙者の健康にも影響を与え、ポイ捨てにつながるからである。③それに、路上での歩きタバコはとても危険だ。

(1)「何故なら、」で始まる文に、その理由をすべて簡潔に述べていなければならないが、この一文には、1つの理由、受動喫煙しか指摘されていない。
(2) 第2・第3文では、「路上喫煙に反対することだけがこの条例に賛成する根拠である」を前提にしている点が論理的でない。何故なら、「路上喫煙に反対することだけがこの条例に賛成する根拠である」と考えるときのみ、「路上喫煙に反対する人はすべてこの条例に賛成する」と言いうるからである。条件文の双条件解釈の1例である。
(3)「路上喫煙はポイ捨てにつながる」も論理性に欠ける。「携帯用の吸殻いれを持参すれば、ポイ捨てにならない」と反論されるからである。

(2) 女性専用車両継続に賛成か反対か

Q32
　①女性専用車両に賛成である。②ラッシュ時の痴漢の発生率が減少したというデータがでているし、人で混雑する場所に女性が入らずにすむからである。③しかし、この車両を導入したことによって、他の車両がより混雑するという弊害が指摘されている。

第三文は、トピック・センテンスとは逆の内容の支持文である。この誤りは、「A　しかし、B」という構成は「AではなくBに重点がある」のに、それを見過ごしているからである。第3文の「しかし」の後の部分は女性専用車両反対の理由であり、最初のトピック・センテンスと反対の内容となっている。「しかし」は「但し」に変更すべきである。

Q33
　①反対である。反対する理由について3つある。②まず、女性にだけ専用車両を設けるのは、一種の差別ではないだろうか。③男性が故意に乗ったつもりでなくても、冷たい目で見られ、いったん車両を降りなければならず、電車は公共機関であるにもかかわらず、平等さを感じられ

ない。④次に、今の女性専用車両は普通にしか設けられておらず、JRでいう快速・新快速には女性専用車両はない。⑤快速・新快速の方が混雑もひどく、設置するならそちらの方がよいのではないかと考えられる。

(1) 第4~5文は、反対意見ではなく、賛成を前提として、女性専用車両運用の修正を求めるものである。運用方法に対する疑義の表明である。
(2) JRだけの例はよくない。過剰一般化になるからである。何故なら、JRだけがすべての電鉄、路線を代表しないからである。他の例をあげる必要がある。
(3) 差別の定義が必要で、これに基づいて論証しなければならない。

Q34
　①電車に乗る時に一番初めに考える事は出口の位置等である。②偶然乗った車両は女性専用車両に隣接する車両で混み合ってた時などは不満が感じられる。③しかし、女性専用車両をなくし、混雑を減らすことをするならば昔みたいに痴漢行為が増え女性を中心とした不満が増えるだろう。④男性からの勝手な言い訳での反対はやめてほしい。⑤女性専用車両は痴漢対策という事を忘れないでほしい。⑥電車は皆が使う公共機関なので自分の事だけを考えず周りの事も考えてほしい。⑦よって、女性専用車両存続には賛成である。

(1) トピック・センテンスが欠けている。
(2) 第2文の「混み合ってた時」は、話し言葉であり、好ましくない。
(3) 第4・第5・第6文で、「……ほしい」というのは要望書の文言であり、論証文には好ましくない。論証文は客観的でなければならない。
(4) 第4文の「男性からの勝手な言い分……」は、「男性はこの車両に反対、女性は賛成に二分される」を前提にしていると、条件文の双条件解釈を使って推測できる。著者が受講生を対象に行ったアンケート結果から、この前提は正しくないと言える。このアンケートの回答総数

は、男性 40 名、女性 51 名の合計 91 名であった。女性専用車両継続に反対は男性が 42.5%、女性が 42.0% であった。従って、「男性はこの車両に反対、女性は賛成に二分される」とは言えない。

(3) 日本は、死刑制度を容認するか、反対するか

▶▶問題（27）

問題点を指摘しましょう。

①死刑制度を廃止して、終身刑を導入すべきである。②誤判で罪のない人が死刑になることもあるし、裁判員制度で被告が無罪を主張した場合、死刑か無罪かを決めなければならない（無罪と無実の違いを学ぼう）。……

▶▶問題（28）

問題点を指摘しましょう。

①日本は死刑制度を廃止し、終身刑を導入すべきである。……　②総理府発表の世論調査によれば、死刑存置支持が相当多数を占めると報告されている（平成 11 年 11 月 27 日発表によると、死刑容認派 79.3%、廃止派 8.8%）。③但し、政府実施の世論調査は十分な情報を与えず、また条件付の将来的な廃止派を存置に誘導するものとなっていると批判できる。④世論調査の質問の選択肢は、「どんな場合でも死刑は廃止すべきである（8.8%）」、「場合によっては死刑もやむを得ない（79.3%）」、「分からない・一概に言えない（11.9%）」の 3 つだけであり、代わりの刑の導入や誤判の可能性を知らせない質問形式となっている。⑤従って、必ずしも大多数の国民が死刑存置の意見であるとは言えないし、代わりの刑の導入や誤判の可能性を盛りこめば、世論調査の結果も変わってくると考えられる。

▶▶問題 (29)

問題点を指摘しましょう。

……①死刑制度の廃止に反対する意見として、死刑があることで犯罪に対する抑止効果が期待できるのではないかという主張がある。②例えば、死刑確定囚に対するある調査では、彼らが罪を犯した時に自分が死刑になるという可能性を考えていた人は一人もいなかったという結論がある。③よって、抑止力はないと反対派は主張する。④それに対して、賛成派は抑止力によって抑えられて犯罪者にならなかった人たちは罪を犯さなかったために死刑囚にならないので、そもそも調査対象になっていない。⑤従って、その調査には意味がないと主張する。

▶▶問題 (30)

次のような論証文が書かれれば、どのように分析すべきでしょうか。

①「死刑を廃止し、絶対的終身刑を導入する」ことに反対である。……②どんなことがあっても人を殺してはいけない。

あとがき

　「クリティカルシンキング」を、本務校で7年間、ある大学の国際学部で非常勤講師として3年間教えました。受講生からは様々な感想をもらいましたが、大部分（論証文ではこの表現は避けるべきですが、ここでは使用させて下さい）の受講生からは、将来に役立つことを教えてもらったという感想をもらい、非常勤講師で教えた何名かの受講生からは、「春学期で1番勉強になった授業の1つである」という感想が2年間続けてありました。この感想はどういう意味を示唆しているかと言えば、条件文の双条件解釈に基づけば、「本務校の授業では、このような感想はなかった」ということになります。

　この授業を教え始めてから、初版をテキストとして毎年使用してきましたが、語句や漢字の間違い、説明不足の箇所に気づきました。そこで、改訂版の刊行を企画した次第です。
　初版では説明されていない重要な項目は、(1) 条件文の双条件解釈と (2) 論理命題と統計的言明の違いです。第2章では、この内容を詳しく説明させてもらいました。毎回の授業で、リフレクションシートを作成してもらったので、そこには授業中には発せられなかった「問い」がたくさん書かれていました。より内容を理解するための意味のある「問い」かけでした。このリフレクションシートに書かれた「問い」に答えることで、より双方向の授業ができたと思います。そのいくつかは、この改訂版で紹介させてもらっています。リフレクションシートに書かれていた「問い」や「感想・意見」は、著者には「励まし」になりました。この受講生たちの「励まし」は、著者がこの授業を続けるうえで、大いに役立ちました。非常勤講師で教えた3年のうち、最初の2年間は55名くらいの受講生でしたが、3年目には、その倍の109名の受講生が学んでくれました。「最初の2年間で学んだ受講生たちがこの授業を評価し、後輩たちにこの授業を受講するように薦めてくれたからだ」とある教員から聞きました。

最後に、この改訂版を出版するにあたり、ご著書からの引用を許可して下さった辻幸夫先生、大井恭子先生また、青山社の方々、とりわけ適切な助言をして下さった野下弘子氏に感謝します。

　2018 年 10 月

平柳　行雄

問題の解答

1. この講師は、"Are you a native speaker of English?" と質問していない。"Are you a native?" は、"Are you a native speaker of Japanese?" も含んでいるので、すべての人が、"native" と言えるからである。
2. 1) しかし　　2) すなわち　　3) 例えば　　4) しかし
   5) しかし　　6) さらに　　7) それゆえ
3. 根拠：彼の血液型は B 型である。
   論拠：血液型が B 型の人は、すべて身勝手である。
4. 1) 米国も日本同様地域による時差がない。　　結論は正しくない。
   2) 米国も日本同様サマータイムはない。　　結論は正しくない。
   3) ニューヨークに標準時とサマータイムが存在するが、同じ米国の都市であるホノルルは、これらは存在しない（ホノルルはニューヨークと同様である）。　　結論は正しくない。
5. (1) 帰納推論　　(2) 演繹推論　　(3) 帰納推論と演繹推論
   (4) 帰納推論
6. (1) 必要条件　　(2) 必要条件　　(3) 十分条件　　(4) 必要条件
   (5) 十分条件
7. 必要、　十分、　必要、　十分
8. 「犯人であれば、犯行時間のアリバイはない」
   「犯行時間のアリバイがなければ犯人である」
   　十分、　必要、　十分
9. 逆：　心理学科と印刷された名刺を所持していれば、心理学の専任教員である。
   裏：　心理学の専任教員でなければ、心理学科と印刷された名刺を所持していない。
   対偶：　心理学科と印刷された名刺を所持していなければ、心理学科の専任教員ではない。
10. 逆：　路上喫煙を容認しないならば、千代田区のこの条例に賛成してい

ることになる。

裏： 千代田区のこの条例に賛成しないならば、路上喫煙を容認していることになる。

対偶：路上喫煙を容認すれば、千代田区のこの条例に賛成していないことになる。

11. 1)「今年の10月28日でない」と仮定する。過去何年の10月28日と明記しなければならない。その記載がない。従って、「今年の10月28日でない」を取り消して、今年の10月28日となる（過去であれば、「行う」ではなく「行った」になる）。

   2)「全線でない」と仮定する。そうすれば、「……線」が記載されないといけない。その記載がない。従って、「全線でない」を取り消して、「全線で」となる。

12. 限定する言葉がなければ「1年中」を示唆する

13. 論拠：ポイ捨ては環境を悪化させ、環境悪化は避けるべきである
    反証：吸殻入れを持参しない限り

14. 精神科医としてのDr. Bassの証言は信憑性がある

15. 論拠：コピーは証拠として信憑性がある
    反証：原本が裁判所に存在しない限り

16. 左側結論部分：過半数を得票した候補者（当選者）はいなかった
    左側論証部分：規定には、出席者の過半数の得票で当選とある
                70の過半数は36である
    右側結論部分：再投票は必要である
    右側論拠部分：当選者がいなければ、再投票になる

17. 検察側
    左側結論部分：被告人の犯行時の精神状態は正常であった
    右側論拠部分：被告人の犯行時の精神状態は正常であった
    弁護側
    論拠部分：法廷である被告人を精神的に正常と証言し、その後、その被告人を自分の精神病院に入院させたことが真実なら、その精神科医の証言は偽となる

18. 一般車両での男性に対する女性の乗車率が下がると、女性が一般車両で

痴漢被害にあう可能性は高くなる
19. 罷免を求めない候補者に○、罷免を求める候補者に×、保留の場合は空白
20. 1) すべての学生は1万円以上もっている。
    2) このクラスの中で、7月生まれでない学生がいる。
    3) このクラスの中で、成績が優秀な学生がいる。
21. 「兄弟がいるかいないか」と「姉妹がいるかいない」でクロス表を書けば、下記のようになる。日本語の「兄弟姉妹は1人もいない」は、クロス表の「D」のみをさす。

	姉妹がいる	姉妹がいない
兄弟がいる	A	B
兄弟がいない	C	D

英文で、"no brothers and sisters"とすれば、「A」を打ち消すことになるので、「B」、「C」、「D」の3つの領域をさすことになり、「兄弟姉妹がいない」の「D」のみの領域とは異なるので"and"ではないことになる。"no brothers or sisters"とすれば、「A」、「B」、「C」を打ち消すので、「D」のみを指すことになり、答えは、"or"となる。

22. 1. 父親も母親も日本人でなければ、その子どもは日本人でない
    2. 母親が日本人でない
23. 劣悪な環境で育っている少年たちは社会全体にとって危険である
24. 論拠：その店の責任者の証言は信憑性がある
    反証：その店の責任者の証言の信憑性に疑いを抱かせる証言がない限り
25. ② 実際は、指紋はふき取られていた。
    ③ 最初の仮定と真実とが食い違う。
26. ② 被告人と被害者の身長の差を考慮すれば、傷は下から上になる。また、とび出しナイフの玄人が、そのナイフで犯罪を犯したとすれば、傷は下から上である。
27. (1) 下線部の内容は真実と異なる。裁判員制度では、「有罪が立証されない限り無罪という推定無罪（疑わしきは罰せず）の原則」が存在するので、まず事実認定で、「有罪」か「有罪でないか」を決定する。「有

罪」が決定すれば量刑を決めるので、「死刑」か「無罪」かの選択にはならない。

(2) 被告人が主張するのは、「無実」であって「無罪」ではない。「無罪」は判決の結果であり、被告人の主張するものではない。

28. (1)「日本は、死刑存置派が多数を占めるから死刑を存置すべき」という根拠になるデータに反論している点が評価できる（これは、問題ではない）。

(2) 第4文の「但し」は「しかし」に修正する必要がある。何故なら、この接続詞の後の表現内容が前のそれより重要だからである。

29. (1) トピック・センテンスと結論文の内容が違う。

(2) ①は存続派、②は廃止派の内容なので、「例えば」という接続詞で2つの文が繋がらない。

(3)「反対派」は、「死刑」に対する反対か、「死刑廃止」に対する反対か不明である。

(4)「賛成」は「容認」または「存置」かに変更する。

30. ド・モルガンの法則から、反対の立場は表2のB・C・Dの3つの立場が考えなければならない。但し、Bは、日本では非現実的であるので、CかDということになる。

	絶対的終身刑を導入する	絶対的終身刑を導入しない
死刑制度を廃止する	A	B
死刑制度を存続する	C	D

ド・モルガンの法則とは、(1)（AかつB）ではない＝（Aでない）または（Bでない）と(2)（AまたはB）でない＝（Aでない）かつ（Bでない）というものである。この(1)を使うと、Aの領域の否定は、BまたはCまたはDとなる。非現実的なBを除外すると、CとDの立場が残る。そうであれば、第2文の「どんなことがあっても、人を殺してはいけない」の立場と矛盾する。何故なら、「どんなことがあっても」という語句は、死刑という合法殺人も廃止する立場（死刑廃止論）を示唆するのが一般的だからである。この受講者は、「死刑が合法殺人という殺人に相当することを理解していなかった」と推測される。何故なら、「死刑が合法

殺人であることを理解していなかったときのみ、死刑制度存続の立場でありながら、『どんなことがあっても、人を殺してはいけない』という論証をする」と言えるからである。これは、条件文の双条件解釈による分析である。

■著者紹介

平柳　行雄（ひらやなぎ　ゆきお）

　関西学院大学商学部卒業。ミシガン州立大学 TESOL（英語教授法）修士課程修了。関西学院高等部教諭、六甲学院非常勤講師、関西学院大学社会学部非常勤講師、大阪女学院短期大学非常勤講師を経て、現在、大阪人間科学大学特任教授。関西学院大学国際学部非常勤講師、大阪女学院大学非常勤講師も兼ねる。

　「日本人大学生の論証文における無標性の検証」、「日本人大学生の書いた論証文の熟達度と論理性は相関するか」、「クリティカルシンキングという授業受講が批判力と論証文作成力に及ぼす効果」、「批判指導は論証文作成力向上に資するか」、「異文化を読み解くための批判的思考」、「どのグループの論証文作成力が命題論理・リフレクションシート作成・批判という3つの指導に関する評価と相関があるか」等、論文多数。『論理力を養うためのパラグラフ・ライティング』と『日本語論証文の「書く」力を向上させるためのクリティカル・シンキング』という著作がある。

改訂　日本語論証文作成力を向上させるためのクリティカルシンキング

2010年3月31日　初　版第1刷発行
2019年3月22日　改訂版第1刷発行

著　者　平柳　行雄　　©Yukio Hirayanagi, 2019
発行者　池上　淳
発行所　株式会社　青山社
　　　　〒252-0333　神奈川県相模原市南区東大沼2-21-4
　　　　TEL 042-765-6460（代）　　　FAX 042-701-8711
　　　　振替口座　00200-6-28265　　ISBN 978-4-88359-358-3
　　　　URL http://www.seizansha.co.jp　E-mail contactus_email@seizansha.co.jp
印刷・製本　モリモト印刷株式会社

Printed in Japan

落丁・乱丁本はお取り替えいたします。
本書の内容の一部あるいは全部を無断で複写複製（コピー）することは
法律で認められた場合を除き、著作者および出版社の権利の侵害となります。